3 x 30 Ideen für Gottesdienst, Kindergarten und Grundschule

Veröffentlichungen von Willi Hoffsümmer im gleichen Verlag

Für die Gottesdienstgestaltung
Bausteine für Familiengottesdienste. Die Evangelien der Sonn- und Feiertage in Symbolen, Geschichten, Spielen und Bildern – Lesejahr A (^{3}1998); – Lesejahr B (^{3}1997); – Lesejahr C (^{2}1995); Bausteine für Familiengottesdienste. Besondere Anlässe im Kirchenjahr ... (1996); Seniorengottesdienste 2: 166 Gottesdienste ... (1994); 3 x 7 Bußfeiern ... (^{2}1996); Umkehr. 25 Bußfeiern ... (1996); Anschaulich verkündigen. 30 Ideen zur kreativen Gottesdienstgestaltung (1998); 15 Aufnahmefeiern für Ministrantinnen und Ministranten. Mit Zeichen und Symbolen (^{2}2000); 12 Erstkommunionfeiern mit Symbolen (^{2}2001); 5x7 Ideen für Familiengottesdienste durch das Kirchenjahr (^{2}2001)

Zeichen- und Symbolpredigten
Anschauliche Predigten für Kinder-, Jugend- und Familiengottesdienste (^{5}1993); 144 Zeichenpredigten durch das Kirchenjahr. Mit Gegenständen aus dem Alltag (^{7}1998); 99 Kinderpredigten (^{4}1996); 133 Kinderpredigten (^{9}1996); 122 Symbolpredigten durch das Kirchenjahr (^{3}1994); 88 Symbolpredigten durch das Kirchenjahr (^{2}1995); 9x10 Symbolpredigten durch das Kirchenjahr (^{2}1999); Lexikon alter und neuer Symbole. Für die Praxis christlich gedeutet (1999); 70 Symbolpredigten für Familiengottesdienste durch das Kirchenjahr (2002)

Geschichtensammlungen für die Gemeindepraxis
Kurzgeschichten 1: 255 Kurzgeschichten für Gottesdienst, Schule und Gruppe (^{19}2000); Kurzgeschichten 2: 222 Kurzgeschichten ... (^{12}2001); Kurzgeschichten 3: 244 Kurzgeschichten ... (^{10}2001); Kurzgeschichten 4: 233 Kurzgeschichten ... (^{7}2001); Kurzgeschichten 5: 211 Kurzgeschichten ... (^{5}2002); Kurzgeschichten 6: 155 Kurzgeschichten ... (2000); Mehr als 1000 Kurzgeschichten. CD-Rom (^{2}2000); Geschichten als Predigten (^{3}1995); In Geschichten das Leben spiegeln. Band 1. 140 Geschichten für Gottesdienst, Schule und Gruppe (^{2}1999)

Geschichtensammlungen als Bild- oder Geschenkband
Geschichten wie kostbare Perlen (^{7}1998); Geschichten wie Spiegel des Herzens (^{4}1995); Geschichten wie offene Türen (^{3}1998); Geschichten wie Brücken zum Leben (^{4}1998); Geschichten wie Brunnen in der Wüste (1995); Geschichten wie Schlüssel zum Glück (1998); Geschichten wie Wegweiser (^{3}1997); Geschichten wie Anker der Hoffnung (2001) – 365 x Rückenwind. Ermutigungen für jeden Tag (^{2}2001)

Bücher zu den Sakramenten – mit Geschichten
Geschichten zur Taufe. Topos Taschenbuch 210 (^{5}2001); Bußgeschichten. Topos Taschenbuch 99 (^{7}1997); Kommuniongeschichten. Brot fürs Leben. Topos Taschenbuch 79 (^{18}1998); Firmgeschichten. Hinführung zur Firmung für Jugendliche und Gruppenleiter. Topos Taschenbuch 126 (^{9}1998); Geschichten zum Sakrament der Ehe. Topos Taschenbuch 166 (^{6}2001); Geschichten für Kranke. Topos Taschenbuch 188 (^{4}1997); Brot in unserer Hand. Mein Erstkommunionbuch (^{3}2000); Und er umarmt dich. Geschichten von Schuld und Versöhnung (^{2}2002)

Für Gruppen und Schule
33 Gruppenstunden für Ministranten, geeignet auch für Schule, Kinder- und Jugendarbeit (^{6}1998); 27 Modelle für Gruppenstunden und Religionsunterricht (^{2}1997); Religiöse Spiele für Gottesdienst und Gruppen. Band 1 (^{6}1994); Religiöse Spiele für Gottesdienst und Gruppen. Band 2 (^{4}1993); 77 religiöse Spielszenen für Gottesdienst, Schule und Gruppe (^{3}1994); 9x9 Spielszenen für Gottesdienst, Schule und Gruppe (^{2}1998)

Glaubensvermittlung
Glaube trägt. Kleiner Katechismus für junge und erwachsene Christen (^{11}2001); Von der Schöpfung, Gott und Jesus erzählen. 100 Ideen für 3–7jährige (^{3}1998)

Gesamtauflage: über 1.000.000

Willi Hoffsümmer

3 x 30 Ideen für Gottesdienst, Kindergarten und Grundschule

Matthias-Grünewald-Verlag · Mainz

Allen, die das Vertrauen auf Gott und die Liebe zu Jesus in die Herzen der Kinder säen möchten

Der Matthias-Grünewald-Verlag ist Mitglied der Verlagsgruppe engagement

Ein Titeldatensatz für diese Publikation ist bei Der Deutschen Bibliothek erhältlich

Umschlaggestaltung: Harry Schneider Reckels und Iris Momtahen, Wiesbaden
Umschlagbild: Gerti Burbeck, Mönchengladbach
DTP: dtp studio mainz · Jörg Eckart
Druck und Bindung: Fuldaer Verlagsagentur

ISBN 3-7867-2357-5

Inhalt

Einleitung

Eltern mit Kleinkindern sind für mich die *wichtigste Zielgruppe einer Pfarrei.* Wenn es uns nicht gelingt, den Kindern für die Wunder am Wege die Augen zu öffnen und die Eltern um ihrer Kinder willen neu auf den Glaubensweg zu bringen, dann mindern sich deren Chancen zusehends, in späteren Lebensjahren ein bewusstes Christentum zu leben.
Da sich auch manche Erzieherinnen „theologisch nicht über die Straße trauen", hoffe ich, dass die einfachen Entwürfe in diesem Buch auch ihnen Mut machen, scheinbar Nebensächliches in die *Verkündigung der Frohen Botschaft* hineinzuholen. Ich habe aufgeschrieben, wie ich mit den Kindern gesprochen habe: einfach und anschaulich. Unter „einfach" verstehe ich auch, dass nur ein Minimum an Vorbereitung nötig ist.
Entscheiden Sie bitte selbst, ob sich die Ideen für eine Runde nur mit Kindern im Kindergarten eignen oder mit Eltern in einem so genannten Kleinkindergottesdienst außerhalb des Kindergartens.
Wegen der doppelten Verwendbarkeit ist oft nicht angegeben, was – wie bei uns im Kleinkindergottesdienst üblich – die Kinder mitbringen sollen und was sie nachher als kleine Erinnerung mit auf den Weg bekommen. Wird der Vorschlag als Gottesdienst gefeiert, bitte eine Bibelstelle, möglichst aus dem Neuen Testament, und Fürbitten einfügen.
Liebe Mitarbeiterinnen und Mitarbeiter in der Seelsorge! Der Zeitaufwand darf uns nicht erschrecken. Voraussetzung für dieses Engagement: die Kinder lieben und wissen, wie wichtig diese Minuten sind! Möge es uns gemeinsam gelingen, den Kindern und ihren Eltern *das dritte Auge* zu vermitteln, nämlich unsere Welt im Lichte Gottes und des Glaubens anzuschauen.
Sehen Sie meine Entwürfe als Anregung, die Sie nach Ihren Möglichkeiten verändern und Ihrer Gemeindesituation anpassen!

Für Kritik und Anregungen meine Adresse:
Glescher Str. 54, 50126 Bergheim-Paffendorf, Fax 0 22 71 / 4 38 57.

Ihr
Willi Hoffsümmer

Vorbemerkungen

1. Das Umfeld meiner Bemühungen

Die Kinder kennen mich. Nach Möglichkeit besuche ich jede Kindergartengruppe jede Woche. Einmal im Monat kommen die Gruppen zur Kirche und einmal im Monat wird am ersten Samstag um 17.30 Uhr ein Kleinkindergottesdienst für die 3- bis 7-Jährigen mit ihren Eltern angeboten, während ich zur selben Zeit in der Pfarrkirche mit dem Familiengottesdienst beginne. Ungefähr zu Beginn der Eucharistiefeier ziehen dann die Kinder mit der Leiterin (= L.) in die Kirche und nehmen die frei gehaltenen Plätze um den Altar ein. Wichtig ist, dass die ErzieherInnen mein Engagement im Kindergarten mittragen. Fatal wäre es zum Beispiel, wenn nur gebetet würde, wenn der Pfarrer kommt. Darum halte ich mich dort mit Gebeten im engeren Sinne zurück: Es muss alles eingebettet sein in die Haltung der Erzieherinnen und Erzieher.
Untersuchungen ergaben: 70 % der Eltern in den alten Bundesländern befürworten eine religiöse Erziehung, aber nur 20 % der Befragten beten noch mit ihren Kindern. Viele wissen ja gar nicht mehr, was Glauben heißt und wie er vermittelt wird, wie zum Beispiel gebetet wird. Umso wichtiger sind die Begegnungen in diesen Feiern. Hier liegt das entscheidende Handicap. Und umso wichtiger sind die Besuche: Noch wird das Gebet, werden Gott und Jesus nicht mit mitleidsvollen Bemerkungen abgetan. Die Kinder freuen sich auf alles, was ich mit ihnen tue. Sie lernen also eine Dimension kennen, bei der sie sich zwar zunächst auch am Vorbild und der Prägung ihrer Eltern orientieren, aber der sie später kaum noch vorurteilsfrei begegnen. Ideal wäre es natürlich, sich ab und zu mit den Erzieherinnen/Erziehern und Zweitkräften zu treffen und zu überlegen, wie die Zusammenarbeit verbessert werden kann.

2. Die Ausstattung jedes Kindergartenraums

Bei uns sieht es so aus: In jedem Gruppenraum gibt es eine „religiöse Ecke“. Vor einem Kreuz, das nicht so sehr den leidenden, sondern den auferstandenen Christus zeigt, der uns umarmen möchte, steht eine große „Jesuskerze“ auf einem Leuchter. Sie wird jeweils entzündet, wenn ich komme, wenn ein Kind Geburtstag hat oder sonst etwas Besonderes stattfindet. Neben dem Kreuz hängt eine große Christus-Ikone, die den wiederkommenden Christus (mit Heiligenschein) zeigt: Er sitzt auf einem Thron, die Rechte segnend erhoben, die Linke hält die Bibel. Ich glaube, dass Kinder in diesem Alter eher mit einer solchen Darstellung etwas anfangen können als mit dem Kreuz und einem leidenden Christuskörper. Daneben steht oder hängt noch ein kleineres Bild, das Maria mit dem Jesuskind auf dem Arm zeigt.

3. Das Bildmaterial selbst erstellen

Fast jede Erzieherin/jeder Erzieher, aber auch viele Eltern sind künstlerisch begabt. Darum halten Sie nicht lange Ausschau nach Wandfriesen oder Bilderfolgen (einige sind im Kapitel „Leben Jesu" skizziert), sondern lassen Sie sich die Zeichnungen von ihnen anfertigen. Die Größe DIN A3 oder A2 genügt für eine Gruppe. In dieser Größe sind die Bilder auch für Kleinkindergottesdienste verwendbar. Sinnvoll ist, eine Bildersammlung anzulegen. Kinder reagieren übrigens recht gut auf Sammlungen der frühchristlichen Kunst, wie zum Beispiel Bilder aus dem Reichenauer Evangeliar oder dem Egbert-Codex …

4. Prinzipien für die „3 x 30 Ideen"

a) Mit einfachen Worten verkündigen. Die christliche Botschaft verkündige ich einfach und ohne Umschweife. Warum sollte ich hier um den heißen Brei reden oder Zweifel einbringen? Die Kinder brauchen zunächst einen festen Standpunkt, den wir ihnen vermitteln, weil sie ja hauptsächlich durch Nachahmung lernen. Ich spreche ganz klar aus: Jesus ist vom Vater auferweckt worden. Die Umwelt wird schon früh genug Einfluss nehmen und alles in Frage stellen.

b) Sich selbst einbringen. Die Kinder haben ein feines Gespür dafür, ob Sie etwas dahersagen oder Ihnen die Botschaft der Bibel ein Herzensanliegen ist. Es ist unsere schöne Berufung, Körnchen des Glaubens in die Köpfe und Herzen der Kinder säen zu dürfen. Das ist viel entscheidender als die Methode. Wir dürfen allerdings dabei nicht langweilen!

c) Wichtigkeit der Liedrufe. Die Liedverse oder Lieder geben den Zusammenkünften den frohen Akzent. Wenn Unruhe aufkommen sollte: Ein Liedruf mit rhythmischem Klatschen ist wie ein Sauerstoffstoß für die Lungen. Für diejenigen, die vielleicht nur wenige moderne Liedverse kennen, habe ich im Anhang ein kleines Spektrum wiedergegeben. An vielen Stellen in diesem Buch verweise ich auf das bekannte und verbreitete Liederbuch „Troubadour für Gott“ und das „Liederbuch zum Umhängen: 100 der schönsten religiösen Kinderlieder“. Nähere Angaben hierzu finden Sie auf Seite 13: Abkürzungen und Hinweise.
Die Erzieherinnen und Erzieher darf ich bitten – auch mit Blick auf die spätere Begegnung mit den Liedern in der Kirche –, nicht nur Kinderlieder einzuüben, sondern auch Liedverse oder Verse aus „Gotteslob“-Liedern (= offizielles Gebet- und Gesangbuch der katholischen Kirchen in Deutschland) oder aus dem „Evangelischen Gesangbuch“ (= eg) zu nehmen, damit den Kindern der Übergang einmal leichter fällt.

Danke allen, die mich beim Entstehen dieses Buches beraten haben.

Auf ein gutes Gelingen Ihrer Absichten!

Abkürzungen und Hinweise

Tr = Liederbuch „Troubadour für Gott“, (ab 6. erweiterter Auflage 1999) mit über tausend modernen geistlichen Liedern, mit Noten und Gitarrengriffen. Zu beziehen beim Kolping-Bildungswerk, Diözesanverband Würzburg e.V., Sedanstr. 25, D-97082 Würzburg.

U = Das weit verbreitete „Liederbuch zum Umhängen: 100 der schönsten religiösen Kinderlieder. Teil 1“, aus dem Menschenkinder Musik-Verlag, An der Kleimannbrücke 91A, D-48157 Münster, Tel. 02 51 / 932 52 30, Fax 02 51 / 932 52 90. Alle Lieder sind auf der MC Bestell-Nr. 021-1 kurz angespielt, und zwar die erste Strophe und der Refrain; im dazugehörigen Liederbuch, Bestell-Nr. 021-2, stehen die Noten. Außerdem gibt es die Musikkassette 014-1, auf der alle Lieder zum Kennenlernen kurz angespielt sind.

GL = Gotteslob – Katholisches Gebet- und Gesangbuch

eg = Evangelisches Gesangbuch

L. = Leiterin oder Leiter

Rabe Jakob: Die in mehreren Vorschlägen erwähnte Handpuppe „Rabe Jakob“ können Sie preiswert beziehen beim Rheinischen Verband für Kindergottesdienste, Graf-Recke-Str. 209, D-40237 Düsseldorf, Tel. 02 11 / 55 93 56, Fax 02 11 / 67 61 34.

Durch das Kirchenjahr

1. Warten können
(um den 1. Advent)

Vorbereiten: Eine Tulpenzwiebel für jedes Kind; Adventskranz; ein Schal.

♫ **Lied zu Beginn:** Wir sagen euch an … (GL 115, eg 17)

Erst wenn die vierte Kerze brennt, ist Weihnachten ganz nahe. Noch so lange warten! Warten ist schrecklich, wenn es zu lange dauert. Warten ist schön, wenn wir uns auf etwas freuen. Wir freuen uns auf das Jesuskind und singen:
♫ **Lied:** Kinder, ruft in Freude … ; statt „Christen" Kinder (Tr 438)

(L. zeigt eine Blumenzwiebel)
So eine Blumenzwiebel muss auch lange warten – bis der Frühling kommt und sie endlich blühen kann. Und wenn wir beobachten, wie sich langsam eine Blüte auseinander faltet, dürfen wir auch nur zusehen und staunen. Wer die Blüte herausziehen will, zerstört sie.

Das Märchen Dornröschen
Ihr kennt ein Märchen, da musste auch gewartet werden, bis einer durch die Dornenhecke geklettert ist:
Eine von dreizehn Feen war nicht zum Fest der Geburt der neuen Königstochter eingeladen worden. Sie rächte sich und rief mit lauter Stimme: „Wenn die Königstochter 15 Jahre alt wird, sticht sie sich an einer spitzen Spindel und wird tot umfallen." „Nein, nein", rief eine andere Fee, „sie wird ganz lange, hundert Jahre lang wie tot schlafen!" Und so geschah es auch. Nicht nur die Königstochter fiel in einen tiefen Schlaf, nein, das ganze Schloss, auch die Pferde, Hunde und Tauben. Und um das Schloss herum wuchs eine dichte Dornenhecke, durch die keiner hindurchkonnte. Aber nach hundert Jahren war es so weit: Ein Königssohn schlug ein Loch in die Dornenhecke, ging vorbei an den schlafenden Menschen und Tieren, erblickte die schöne Königstochter und – küsste sie. Da

schlug sie die Augen auf und alle, alle erwachten. (nach Brüder Grimm)
(Je nach Zeit, die zur Verfügung steht, und dem Alter der Kinder: ausführlicher erzählen oder erfragen.)

Aktion 1: „Das spielen wir jetzt: Alle Kinder legen sich hin und schlafen. Dabei hört ihr trotzdem gut zu. Erst wenn ich euch gleich berühre, dürft ihr wieder erwachen!"

Evangelium: Einmal erzählte Jesus von einem Mann, der Körner auf einen Acker gesät hat. Dann musste der Mann warten, Tag und Nacht, Nacht und Tag. Die Saat aber wuchs und wuchs: Erst kamen zarte Hälmchen aus der Erde hervor; die Hälmchen wuchsen zu Halmen, dann zu Ähren mit vielen Körnern. Nun erst kann der Mann sich aufmachen und ernten (nach Mk 4,26–29).

Aktion 2: Nun habt ihr lange genug gelegen, doch lasst eure Augen noch zu! Ich gehe jetzt rund und werde euch ganz zärtlich wecken. Und wenn ihr etwas spürt, dürft ihr aufstehen und euch leise wieder hinsetzen. *(L. geht mit dem Schal rund und berührt die Kinder damit leicht.)*
„Wir haben ein wenig Warten gelernt …"

♫ **Lied:** Im Advent, im Advent (T.: R. Krenzer; M.: D. u. L. Jöcker, Menschenkinder Musik-Verlag, Münster)

Verteilen der Tulpenzwiebel: Pflanzt die Tulpenzwiebel zu Hause in einen Blumentopf und wartet! Haltet die Erde feucht und schaut jeden Tag nach, bis die Blattspitzen aus der Erde hervorgucken, langsam wachsen und die Blüte sich entfaltet!
Wir können warten und freuen uns auf das Jesus-Kind.

♫ **Lied:** Alle Jahre wieder …

(Nach einer Idee von Detlef Tappen, Haan/Rhld.)

2. Zeig mir den Stern!
(1. Advent)

Vorbereiten: Korb mit Adventsgegenständen (siehe Spielszene). Zum Sterne-Basteln vorher oder nachher aus weißem Karton einen fast einen Meter großen Stern ausschneiden (kann auch schon vorbereitet sein!). Dann aus gelbem und rotem Transparentpapier Schnipsel reißen und mit Klebestift zum Teil überlappend auf den Stern kleben. Die Handpuppe „Rabe Jakob" (siehe Seite 13) mitbringen.

♫ **Lied zu Beginn:** Wir sagen euch an … (GL 115, eg 17)

Spielszene

(J. = Handpuppe „Rabe Jakob“; L. = Leiter/in)

L.: *(hat einen Korb in der Hand und spricht zu sich selbst)* Hm, jetzt mal sehen, ob alles da ist; ach, im Advent hab ich immer so viel zu tun!

J.: *(kommt dazu, steckt neugierig seinen Schnabel in den Korb)* N.N., was hast du denn da?

L.: Ich habe die Adventssachen aus dem Keller geholt, die brauche ich doch jetzt.

J.: Ach so, ja, ja … hm. N.N., was ist eigentlich Advent?

L.: Advent, das ist die Zeit vor Weihnachten. Vier Wochen müssen wir darauf warten. In dieser Zeit freuen wir uns auf Weihnachten und bereiten alles für das Fest vor. An Weihnachten hat nämlich Jesus Geburtstag.

J.: *(zieht nun aus dem Korb verschiedene Gegenstände hervor. Die Kinder werden jeweils gefragt, ob sie diese kennen und auch zu Hause haben: Plätzchenformen, Adventskranz, Adventskalender … Zum Schluss zieht er einen Strohstern hervor)*
Und wozu brauchst du den Stern?

L.: Den hänge ich in meinem Zimmer ans Fenster.

J.: Warum denn?

L.: Jakob, hast du schon mal einen Stern gesehen?

J.: Ja, N.N., einmal, als ich nachts alleine in meinem Zimmer war und es war soooo schrecklich dunkel. Da hab ich Angst gekriegt. Doch plötzlich leuchtete ein Licht zum Fenster herein, und als ich aus dem Fenster geschaut habe, war da ein heller Stern am Himmel; der hat für mich geleuchtet. Da hatte ich gar keine Angst mehr und bin eingeschlafen.

L.: Siehst du, Jakob, und wenn ich den Adventsstern in mein Zimmer hänge und den anschaue, dann weiß ich auch, dass ich mich nicht zu fürchten brauche, denn ich weiß, dass Gott mich nie alleine lässt. Gott ist immer da für uns wie ein Stern, der in der Nacht für uns leuchtet, damit wir uns nicht fürchten müssen.

♫ **Liedruf:** Immer auf Gott zu vertrauen, Refrain (Tr 437)

(Anke Krauß, Köln, und Annette Tschakert, Bergheim, nach der Idee mit dem Korb und dem Bastelvorschlag aus M. Hofmann / V. Kreß / G. Siegel, „Mama, es glockt!", Kösel Verlag, München 1996)

3. Jesus wächst in Maria heran

(1. Advent)

Vorbereiten: Jedes Kind hat einen kleinen Tannenzweig mitgebracht; für jedes Kind liegt ein Zweig mit Knospen (= Barbarazweig) bereit; einige Zweige werden, wenn diese Feier im Kindergarten stattfindet, in der Gruppe zum Beobachten hingestellt.

Die Kinder legen ihre Tannenzweige zu einem Adventskranz, an dem eine Stelle offen bleibt.
L. stellt mit Hilfe der Kinder vier Kerzen darauf, von denen eine entzündet wird:

♫ **Lied:** Wir sagen euch an … : Sehet, die erste Kerze brennt! (GL 115, eg 17)

L.: Mit diesem Zweig möchte ich den Adventskranz schließen. Er erinnert uns an Maria, ein junges Mädchen. Als ein Engel, ein Bote Gottes, sie fragt: „Willst du, dass Jesus in dir wachsen kann wie jedes Kind im Bauch seiner Mutter?", da hat Maria „Ja" gesagt. Maria hat auch gefragt: „Wie soll das gehen?" Da hat der Engel geantwortet: „Gott hat dich besonders gern. Er ist mit dir! Er hilft dir. Er gibt dir die Kraft dazu!" Weil also Maria Ja gesagt hat, schließe ich jetzt mit diesem Tannenzweig den Kreis. Nun ist der Adventskranz fertig.

Wenn einer wie Maria Ja zu dem sagt, was Gott will, wird die Liebe spürbarer, runder: wie ein Kreis, der Gottes Liebe meint.
(L. stellt die Jesuskerze in den Adventskranz und entzündet sie.)
Weil Gott und Maria Ja gesagt haben, beginnt Jesus im Bauch der Mutter Maria zu wachsen. Weihnachten beginnt ganz leise.

♫ **Liedruf:** Gottes Liebe ist wie die Sonne (U 33, Tr 5)

Aktion

Jedes Kind bekommt einen Zweig mit Knospen: Schaut mal, die Knospen an unseren Zweigen sind auch noch winzig und müssen sich entfalten – wie das Kind im Bauch einer Mutter – wie das Jesusbaby im Bauch von Maria. Es muss gehegt und geschützt werden, damit es größer wird. Den Zweig möchte ich euch mit nach Hause geben (einige lassen wir zum Beobachten hier). Ihr müsst ihn hegen und pflegen, sonst blüht er nicht auf. Stellt ihn ins Wasser und ans Licht, da, wo es warm ist. Dann wird das kleine Wunder wahr: Mitten im Winter wird er zu Weihnachten erblühen, so wie das Jesuskind an Weihnachten geboren wird.

♫ **Liedruf:** Gottes Liebe ist so wunderbar (U 32)

Abschluss

Jedes Kind berührt mit dem Zweig die ihm hingehaltene brennende Jesuskerze und verspricht damit: Ja, ich will auf den Zweig gut aufpassen, dass er zum Blühen kommt.

(Nach einer Idee von Norbert Thelen, Wir erleben die Bibel. Kindergottesdienste im Kreis, Matthias-Grünewald-Verlag, Mainz, 2. Aufl. 2001, S. 40–42)

4. Ein helles Leuchten
(Advent)

Vorbereiten: Handpuppe „Rabe Jakob" (s. S. 13). Falls gebastelt wird: Siehe unten.

♫ **Lied zu Beginn:** Christen, ruft in Freude …; statt „Christen" Kinder (Tr 438)

Spielszene

(J. = Handpuppe „Rabe Jakob"; L. = Leiter/in)

(L. und Jakob begrüßen sich.)

L.: Hallo Jakob, schön dass du da bist! Schau mal, die Kinder sind heute auch wieder zu unserem Gottesdienst gekommen! Und wie schön es hier wieder aussieht!

J.: Sag mal, N.N., die große Kerze dort auf dem Tisch … *(zeigt auf die [Altar-]Kerze, die bisher nicht brennt)*

L.: Ja?

J.: … die steht immer da, wenn wir Gottesdienst feiern, nicht wahr?

L.: Ja, da hast du gut aufgepasst.

J.: Warum steht sie eigentlich da?

L.: Jakob, das kann ich dir zeigen. Mach doch mal das Licht aus!

J. *(macht das Licht aus)*: Puh, das ist ja ganz schön dunkel hier! N.N., wo bist du?

L.: Hier! – Und jetzt zünde ich die Kerze an.

J.: Toll, das sieht schön aus, so hell und warm und kuschelig …; die leuchtet ja richtig!

♫ **Lied:** Wenn unsere Kerze brennt (T.: R. Krenzer; M.: L. Edelkötter, Impulse-Musikverlag, Drensteinfurt)
oder: Wir sagen euch an … (GL 115, eg 17)

L.: Die Kerze leuchtet für uns. Aber weißt du was, Jakob, nicht nur Kerzen können leuchten, auch Menschen können leuchten und – Raben übrigens auch!

J.: Raben auch? Aber wie geht das denn: leuchten?

L.: Man leuchtet, wenn man zum Beispiel jemandem hilft. Oder wenn man sein Essen teilt, statt alles für sich zu behalten. Oder wenn man sein Spielzeug mit anderen Kindern teilt.

J.: Toll, das würde ich auch gerne mal, ganz hell leuchten wie die

Kerze da; aber jetzt habe ich erst einmal Hunger! *(schnappt sich einen Weckmann, der auf dem Altar liegt, und flattert davon)*

L. *(ruft ihm hinterher)*: Halt, Jakob, warte doch mal! Du wolltest doch leuchten, oder nicht? Willst du es nicht einmal probieren?

J.: Du meinst ... teilen? Etwas abgeben? Jetzt?

L.: Ja, schau mal, die Kinder wollen doch sicher auch etwas von dem Weckmann!

J.: Na ja, gut, ich versuch es mal. *(Bricht den Weckmann in kleine Stücke und verteilt sie; bei Bedarf liegt ein weiterer bereit.)*

L.: Na, wie war das?

J.: Schöööön! Als ich gesehen habe, wie sich die Kinder freuen, war das schöner, als wenn ich einen ganzen Weckmann alleine aufgegessen hätte! Da wird einem ganz warm vor Freude.

L.: Ja, mir war, als hätte ich dich auch leuchten sehen. – Weißt du, Jesus hat besonders hell für andere geleuchtet. Er hat alles geteilt, was er hatte, und überall geholfen, wo er konnte. Er hat selbst gesagt: „Ich bin das Licht der Welt. Wer mir nachfolgt, der wird nicht in der Finsternis umhergehen, sondern wird das Licht des Lebens haben“ (Joh 8,12). – Er hat so hell geleuchtet, dass alle Menschen seitdem im Licht sind. Auf den Geburtstag von Jesus freuen sich deswegen alle Kinder und Erwachsene. Um uns an sein Leuchten zu erinnern, zünden wir jeden Sonntag im Advent eine Kerze mehr an.

♫ **Lied:** Tragt in die Welt nun ein Licht (U 85)

Basteln: Weiße Kerzen mit buntem Wachs verzieren. Dazu werden aus Wachsplatten mit Plätzchenformen Motive ausgestochen und auf die Kerzen gedrückt.

(Anke Krauß, Köln, und Annette Tschakert, Bergheim)

5. Es werde Licht!
(Advent)

Vorbereiten: Raum abdunkeln; Jesuskerze, viele schwarze Tücher, viele Teelichter.

♫ **Lied zu Beginn:** Kinder, ruft in Freude … ; statt „Christen“ Kinder (Tr 438)

L.: Wenn kein Licht brennt, ist es nicht so schön. Manche sind traurig. *(L. legt ein schwarzes Tuch hinzu und so fort.)* Dunkel ist es, wenn du dich einsam fühlst. Dunkel ist es, wenn du schlecht über andere sprichst oder Liebloses sagst; wenn du dich nicht mit anderen vertragen willst.

Lesung

Es gab einmal einen Mann, der hieß Jesaja. Er war ein Prophet, ein Mann Gottes. Der sagte: „Ich sehe ein helles Licht. Es dauert nicht mehr lange, dann sehen es alle. Es wird Freude schenken. Es wird Frieden bringen. Dieses Licht wird ein Kind sein, das uns geboren wird“ (nach Jes 9,1–6).

♫ **Liedruf:** Es werde Licht (Lieder C, Nr. 2)

Evangelium

Später, als Jesus geboren war, hat er auch das gesagt:

„Ich bin das Licht für die Welt. Wer hinter mir hergeht, braucht keine Angst zu haben; er braucht nicht im Dunkeln zu tappen, denn er hat genug Licht“ (nach Joh 8,12).

♫ **Lied:** Du bist das Licht der Welt, nur Refrain (Tr 1078)

L.: Jesus hat auch gesagt: Ich brauche noch welche, die die Welt heller machen: Ihr seid Licht für die Welt, wenn ihr euch von mir anstecken lasst.

Wer möchte dabei helfen, dass es heller wird? Jeder von euch, der möchte, bekommt ein Teelicht, zündet es an der Jesuskerze an und stellt es auf die schwarzen Tücher. Dabei singen alle:

♫ **Lied:** Einer hat uns angesteckt, Refrain (Tr 8)
und: Mache dich auf und werde licht (Tr 507)

Geschichte
Jetzt könnt ihr auch folgende Geschichte verstehen:

Da wusste ein König nicht, welchem seiner beiden Söhne er sein Reich übergeben sollte. Er gab jedem etwas Geld und sagte: Kauft etwas dafür, womit ihr die große Halle in unserem Schloss füllen könnt! Was, das überlasse ich euch!
Der eine Sohn hat billiges Stroh hineingepackt bis unters Dach. Der andere stellte mitten in die Halle, als sie wieder leer geräumt war, eine einzige Kerze: Die strahlte und leuchtete bis in den letzten Winkel hinein.
Was meint ihr? Wem hat der König wohl sein Reich anvertraut? …
So möchte Jesus, dass auch wir die Welt heller machen: trösten, die traurig sind; teilen, wo einer zu wenig hat; besuchen, die krank sind; jenen die Hand geben, mit denen wir uns gezankt haben …
Dann wird alles hell und froh.
♫ **Lied:** Tragt in die Welt nun ein Licht (U 85)

(Leicht verändert und verkürzt nach einer Idee von Wilfried Röhrig, Viele bunte Fäden, Lahn-Verlag, Limburg 2000, S. 75–80)

6. Vom Licht, das immer brennt
(Advent)

Vorbereiten: Die Bibel; ein Stern ohne Strahlen; „Strahlen" in Anzahl der Kinder; ein paar Kerzen; kleine Sterne bis ca. 15 cm groß mit der Aufschrift „Du bist das Licht der Welt"; vor dem Kreuz eine brennende Kerze.

(Kinder bringen oder bekommen je einen Strahl, der um den Stern geheftet wird.)

♫ **Lied zu Beginn:** Wir sagen euch an … (GL 115, eg 17)

L.: Selbst wenn nur ein Stern am Himmel leuchtet, kann er uns bereits die Angst vor der Dunkelheit nehmen. Eure vielen Strahlen um den Stern lassen es schon hell werden.

♫ **Liedruf:** Es werde Licht (Lieder C, Nr. 2)

Geschichte
Wir hören eine Geschichte, in der Licht eine wichtige Rolle spielt. *(Beim Erzählen kann jetzt leicht Folgendes gespielt werden: Ein Kind geht mit einem brennenden Licht los. Wenn dies durch einen Windstoß erlischt, geht es nacheinander zu mehreren Kindern in die Ecken des Raumes, um von ihnen Licht zu erhalten. Die aber verweigern das mit zum Teil heftigen Gebärden. Danach geht auch ihr Licht aus. Bis das Kind in der Kirche [= am Kreuz] sein Licht neu entzündet und es auch bereitwillig an diejenigen weitergibt, die eben hartherzig waren, jetzt aber selber darum bitten.)*

Es war einmal ein Mädchen, das trug sein helles Licht durch die Straßen. Es hatte seine Freude daran – bis plötzlich ein Windstoß das Licht ausblies. „Ach", rief das Mädchen, „wo bekomme ich jetzt neues Licht her?" Und es machte sich auf die Suche.
Es kommt zu einer alten Frau, die näht und schaut gar nicht auf. Sie sagt nur: „Stör mich nicht, ich muss fertig werden ..." *(Hier weitere Stationen überlegen ...)* Bis das Mädchen den Tipp bekommt: „In der Kirche brennt immer ein Licht. Komm, ich zeige dir den Weg!" In der Kirche fragt das Mädchen erstaunt: „Hier ist doch niemand!? Warum brennt hier das Licht?"
„Jesus ist das Licht! Er hat die Welt heller gemacht! Das zu tun, hat er uns auch aufgetragen ..." Dann der positive Rundgang, bei dem das Kind Licht in die Welt bringt.

(Nach dem Laternenspiel von Erika Kressler, neu gefasst von Susanne König, Kleine Märchen und Geschichten, Arbeitsmaterial Waldorf-Kindergärten, Heft 5, Verlag Freies Geistesleben, Stuttgart)

♫ **Lied:** Du bist das Licht der Welt (Tr 1078)

Evangelium
Es ist wahr: Jesus hat gesagt: „Ich bin das Licht der Welt!" Und er hat gesagt: „Ihr seid Licht für die Welt" (Joh 8,12 und Mt 5,14).

♫ **Liedruf:** Einer hat uns angesteckt, Refrain (Tr 8)

Austeilen der Sterne mit dem Refrain-Text (siehe unter „Vorbereiten")

(Nach Kindergarten St. Anna, D-50126 Bergheim-Zieverich)

7. Jesus in den Menschen begegnen
(Advent)

Vorbereiten: Ein Tuch, auf dem die Bibel liegt.

♫ **Lied zu Beginn:** Kommt, sagt es allen Leuten ... der Herr ist hier bei uns (Tr 439)
oder: Christen, ruft in Freude; statt „Christen" hier „Kinder" (Tr 438)

Erzählung

Es war einmal ein Schuster, der hieß Konrad. Er glaubte im Traum die Stimme Gottes zu hören, die zu ihm sagte: „Heute komme ich dich besuchen!" Da freute Konrad sich sehr. Er sprang aus dem Bett, räumte das Zimmer auf, deckte den Tisch und – wartete auf Gott.
Da klopfte es auch schon an die Tür. Konrad riss freundlich die Tür auf, aber – es war nur der Briefträger. Dessen Finger waren rot und blau angelaufen, so eisig kalt war es draußen. „Komm, trink ein Glas heißen Tee!", sagte Konrad freundlich, „dann kannst du – aufgewärmt – weiter die Post austragen." Der Briefträger trank den heißen Tee, sagte schließlich danke und ging davon.
Konrad setzte sich ans Fenster und wartete. Sicher würde Gott bald kommen! Da sah er einen kleinen Jungen, der lauthals weinte. Keiner kümmerte sich um ihn. Da lief Konrad zu ihm – der Kleine hatte im Gedränge seine Mutter verloren – und nahm ihn an die Hand. Er tröstete ihn und wartete mit ihm zusammen. Nicht lange und schon kam die Mutter angelaufen und schloss ihr Kind überglücklich in die Arme.
Als Konrad zu seinem Haus zurückkehrte, machte sein Herz einen Freudensprung, denn ein Gast stand vor seiner Tür. Doch als er näher kam, erkannte er die Frau von nebenan, deren Kind sehr krank war. Sie wusste sich keinen Rat mehr und weinte. Kurz entschlossen ging Konrad mit ihr, setzte sich ans Bett des Kindes und sagte: „Jetzt ruhen Sie sich ein wenig aus. Sie sind ja völlig übermüdet; derweil passe ich auf ihr krankes Kind auf!"
Es war schon dunkel, als Konrad nach Hause zurückkehrte. Er war müde und enttäuscht: Der Tag war vorbei und Gott war nicht gekommen! Er setzte sich an den Tisch und – müde, wie er war – nickte er ein wenig ein. Da hörte er plötzlich wieder die Stimme

Gottes. Sie sagte: „Danke, Konrad, dass ich mich bei dir aufwärmen durfte. Danke, dass du mich an die Hand und mir die Angst genommen hast. Danke, dass du an meinem Bett gesessen hast. Danke, dass ich bei dir zu Gast sein durfte."
Konrad rieb sich verwundert die Augen. Dann war Gott ja doch bei ihm gewesen: im Briefträger ... *(Kinder wiederholen lassen)*

(Gekürzt nach der russischen Legende „Schuster Konrad" in einer Fassung von Ingrid Schleicher, D-57074 Siegen)

♪ **Lied:** Pass auf, kleines Auge (Lieder C, Nr. 7)

Evangelium
(L. nimmt die Bibel.) Einmal sagte Jesus: „Was ihr einem Menschen Gutes tut, das habt ihr mir getan. Besonders, wenn dieser Mensch arm ist oder einsam oder schwach" (nach Mt 25,40).

♪ **Lied:** Tragt in die Welt nun ein Licht (U 85)
oder: Im Advent, im Advent (T.: R. Krenzer; M.: D. u. J. Jöcker, Menschenkinder Musik-Verlag, Münster)

8. Der allerkleinste Tannenbaum
(4. Advent)

Vorbereiten: In der Mitte steht ein winzigkleiner Tannenbaum; eventuell ein kleiner Vogel.

♪ **Liedruf:** Christen, ruft in Freude ...; statt „Christen" Kinder (Tr 438)
oder: Wir sagen euch an ... (GL 115, eg 17)

Geschichte
Seht ihr den winzigen Tannenbaum in der Schale? Ich möchte euch seine Geschichte erzählen:
Einmal flog ein kleiner bunter Vogel kurz vor Weihnachten zum Fest in die Stadt. Da sah er auf einem Hügel einen kleinen, allerkleinsten Tannenbaum. „Gehst du nicht in die Stadt?", fragte ihn der Vogel.
Der kleine Tannenbaum brach sofort in Tränen aus: „Meine großen Brüder haben gesagt, ich sei zu klein für einen Weihnachtsbaum.

Immer wieder haben sie gesagt: ‚Du bist zu klein. Du musst schneller wachsen.‘ Jetzt sind sie alle in die Stadt geholt worden. Nur ich bin stehen gelassen worden. Ich fühle mich hier sehr einsam und allein.“
Der kleine bunte Vogel hatte Mitleid mit dem Tannenbäumchen, setzte sich unter seine Äste und sagte: „Weißt du was? Ich bleibe diese Nacht bei dir. Dann brauchst du weniger Angst zu haben. Und sei nicht traurig: Eines Tages bist du größer. Dann holen sie dich auch in die Stadt, schmücken dich mit Kugeln und Sternen, Lametta und Kerzen und legen Geschenke unter deine Zweige. Dann singen sie schöne Weihnachtslieder und das Kind in der Krippe lacht alle an. Also, hör auf zu weinen!“
Müde schliefen Vogel und Tanne ein. Während sie schlummerten, begann es leise zu schneien. Als sie am nächsten Morgen erwachten, wischte sich der Vogel Schneeflocken aus dem Gefieder. Der allerkleinste Tannenbaum glänzte wunderschön in seinem weißen Kleid in der Sonne. Jetzt war er der schönste Weihnachtsbaum, den man sich denken konnte. Da sagte der allerkleinste Tannenbaum: „Lieber Vogel, flieg jetzt in die Stadt zum Jesuskind in der Krippe, zu Maria und Josef und sing ihnen – auch für mich – das schönste Lied, das du singen kannst. Und bestell dem Kind in der Krippe viele Grüße von mir. Wenn ich größer bin, will auch ich zu ihm kommen.“
Der Vogel flog los. Der allerkleinste Tannenbaum schaute ihm nach, so lange er konnte. Er spitzte die Ohren, ob er nicht einen einzigen Ton des schönsten Liedes vernehmen könnte. Da hörte er eine Stimme neben sich flüstern: „Du bist nicht zu klein für Weihnachten, lieber Tannenbaum, denn ich bin ebenso klein wie du!“ Es war das Jesuskind selber, das zu ihm gesprochen hatte. Da war der kleine Tannenbaum sehr glücklich. Er rief voller Freude: „Habt ihr gehört! Ich bin nicht zu klein! Ich bin genauso groß wie das Kind in der Krippe!“
Und der kleine Tannenbaum beklagte sich nie wieder. Er hörte auf, traurig zu sein und konnte frohen Herzens warten.

(Verkürzt und verändert nach Masahiro Kasuya, Der allerkleinste Tannenbaum, Friedrich Wittig Verlag, Hamburg, 4. Aufl. 1983)

♫ **Lied:** O Tannenbaum …

L.: Manchmal sagen die Großen auch zu dir: „Du bist viel zu klein.“ Aber das stimmt nicht. Du bist schon groß genug, um andere

Kinder zu trösten, mit ihnen zu spielen und ihnen zu helfen. Und weil du keine Wurzeln wie der kleine Tannenbaum hast, darfst du schon zum Kind in der Krippe gehen. Darum singen wir:

♫ **Lied:** Ihr Kinderlein, kommet (eg 43)

Aktion

Die Kinder erhalten eine Kerze auf einem Stern. Der Raum wird abgedunkelt, die Kerzen werden entzündet und um den kleinen Tannenbaum gestellt.

9. Bin ich ein Esel!

(Advent / Weihnachten)

Vorbereiten: Vor dem Altar steht ein Krippenstall; darin liegt die Handpuppe eines Esels.

♫ **Lied:** Alle Jahre wieder …

Spiel:

Esel (= E.): II-AAH!

L.: Was war das denn?

E.: IIAAH!

L. *(geht zum Stall und schaut hinein)*: Tatsächlich, da wohnt ja schon einer drin! *(Esel in die Hand nehmen)*

E.: Ja, ich wohne hier. Ich! Und das ist *mein* Stall!

L.: Ist ja gut. Den will dir auch keiner wegnehmen!

E.: Das war ein Schreck! Da kamen doch spät abends noch zwei zum Stall, ein Mann und eine Frau. Die Frau erwartete ein Kind. Bald schon sollte es geboren werden. Die wollten einfach in *meinen* Stall!

L.: Das waren Maria und Josef. Die hatten sicher schon überall an die Häuser geklopft. In so einem Notfall muss man doch alle Türen öffnen!

E.: Nein, es war *mein* Stall. Am Tag krieg ich schon genug Prügel und muss schwere Säcke schleppen. Da will ich nicht auch nachts noch gestört werden. Und dann waren es im Nu drei! Ich hab mich vielleicht geärgert!

L.: Geärgert? So ein kleines Kind ist doch etwas Wunderbares!
E.: Sie legten das Kind einfach in *meine* Futterkrippe. Wer weiß, hab ich gedacht, was jetzt noch alles kommt! Vielleicht gehen die sogar noch an mein Futter!
L.: Du hast wirklich nicht gewusst, wer da geboren wurde?
E.: Wie sollte ich? Doch plötzlich habe ich mich an meine großen Ohren erinnert und genau hingehört. *(Feierlicher:)* Und da …
L.: Was war dann?
E.: … hab ich die Engel singen hören. Und als die Hirten kamen und sich vor dem Kind niederknieten, da wusste ich: O weh, bin ich ein Esel!
L.: Das kann man wohl sagen. Gottes Sohn in deinem Stall geboren, und du hättest sie alle am liebsten rausgeschmissen …!
E.: Ich bin ganz verwirrt zu dem Kind hingegangen und habe es angeschaut. Stell dir vor: Es hat mich angelächelt! Und Maria und Josef haben mich hinter den Ohren gekrault. Da war der ganze Ärger vergessen. Auf einmal war ich richtig stolz.
L.: Dein IIAAH ist immer so klagend; manchmal tust du einem richtig Leid. Jetzt, da du dem Herrn der Welt begegnet bist – in *deinem* Stall –, könntest du doch fröhlich IIAAH rufen, sodass es wie ein I-A, ein JA klingt.
E.: Ich will es versuchen. Aber sag das auch allen, die sich heute noch genauso benehmen wie ich damals.
L.: Ja, Esel gibt es auch heute noch, die sagen: „Jesus soll uns nicht stören" und „Wehe, wenn ein Armer kommt und will von uns etwas haben!"

(Nach Clemens Bieger, D-53804 Much. Dazu gibt es auch das Lied „Was hat wohl der Esel gedacht" von Willms/Edelkötter im Impulse-Musikverlag, Drensteinfurt)

♫ **Lied:** Ihr Kinderlein, kommet (eg 43)
oder: Zu Bethlehem geboren (GL 140, eg 32)

10. Jesus ist geboren
(Heiligabend/Weihnachten)

Vorbereiten: Handpuppe Jakob (s. Seite 13); Dias; eventuell ein kleines Geschenk.

♫ **Lied zu Beginn:** Wir sagen euch an ..., 4. Str. (GL 115, eg 17)
oder: Kling, Glöckchen, kling
oder: Engel auf den Feldern singen (T.: Marie Luise Thurmair-Mumelter; M.: aus Frankreich, z.B. in: Weihnachts-Singebuch II, Christophorus-Verlag, Freiburg)

Spiel

Jakob *(= J.; kommt durch den Gang nach vorne, begrüßt die Kinder, sieht den Weihnachtsbaum)*: Seit wann haben wir einen Wald in der Kirche?

L.: Das ist doch kein Wald! Das ist der Weihnachtsbaum!

J.: Hä? Was für 'n Baum?

L.: Ein Weihnachtsbaum! Ja, weißt du denn nicht, was Weihnachten ist?

J.: Weihnachten? Klar, weiß ich das. Ist doch babyeinfach.

L.: Na und?

J.: Also: Weihnachten ist, Weihnachten ist – ähhh ...
(*kleinlaut:*) Ich glaub, ich weiß es doch nicht so richtig.

L.: Jakob, ich glaube wirklich, wir müssen dir heute erklären, was Weihnachten ist. Wir fragen mal die Kinder!
(Die Kinder zählen auf, was Weihnachten für sie bedeutet. Jakob nimmt die Stichworte auf.)

J.: Oh ja, jetzt weiß ich, was Weihnachten ist: Da kriegt man Geschenke, ja? Teddys und Puppen und so, das finde ich toll! Und Plätzchen gibt es zu essen, lecker! Und den Weihnachtsmann, den kenn ich auch! Das ist der mit dem roten Mantel, der die Geschenke bringt. Und weil das alles so schön ist, hängt man bunte Kugeln an den Baum. Das sieht dann lustig und schön aus. Richtig, N.N.? Ist das Weihnachten?

L.: Ja, das gehört auch zu Weihnachten, aber das Wichtigste hast du vergessen!

J.: Stimmt! Die Kinder haben noch etwas von einer Maria und einem Josef und ihrem Kind gesagt. Aber die kenn ich nicht.

Die wohnen nicht bei uns in der Straße. Ich kenn nämlich alle Kinder auf unserer Straße!

L.: Ja, Maria und Josef wohnen nicht hier in N.N. Da hast du Recht. Sie haben vor langer Zeit in einem anderen Land gelebt. Aber sie haben etwas ganz Besonderes erlebt und darum feiern wir heute noch Weihnachten.

J.: Was haben die denn so „Tolles“ erlebt? Erzähl doch mal!

Dias von den Bildern von Kees de Kort, Docete Verlag, Hilversum, „Jesus ist geboren“, mit sparsamem Text unterlegen; ab und zu erfragen und mit Liedern und Liedrufen unterbrechen.
Oder: Es werden Dias von Krippendarstellungen gezeigt *oder* mit der Missio-Leuchtbox Weihnachtsdarstellungen *oder* es folgt ein einfaches Krippenspiel, eventuell von größeren Kindern.

♫ **Lied:** Zu Bethlehem geboren (GL 140, eg 32)

L.: Na, Jakob, hat dir die Geschichte gefallen?

J.: Jaaa, besonders das mit den Engeln und Hirten, wie die sich über das Kind, den kleinen Jesus, freuten, und wie alles geleuchtet hat, und sich alle so richtig durcheinander freuen. Weißt du, N.N., da kann ich gar nicht anders, da muss ich mich gleich mitfreuen *(freut sich, flattert, schlägt Kapriolen)*.

L.: Ich glaube, du wärst auch ein guter Engel. Die Flügel hast du ja schon. Dann würdest du den kleinen Jesus mit allen anderen Engeln gemeinsam begrüßen und immer rufen: „Freut euch!“

J.: *(flattert weiter, ruft)* Freut euch! Freut euch!

♫ **Lied:** Ihr Kinderlein, kommet (eg 43)
oder: Alle Knospen springen auf (Tr 94)

Eventuell erhalten die Kinder ein kleines Geschenk.

(Anke Krauß, Köln, und Annette Tschakert, Bergheim)

11. Wir feiern den Geburtstag von Jesus
(4. Advent / Weihnachten)

Hinweis: Weihnachten sollte nicht früher gefeiert werden, aber es gibt verschiedene Gründe (z.B. Kindergartenferien), die folgende Einheit am letzten Kindergartentag vor Weihnachten anzusetzen.

Vorbereiten: Die Kinder bringen einen Strohstern mit, den sie zunächst vor sich oder unter den Sitz legen. Der Adventskranz liegt in der Mitte; die Krippenfiguren stehen bereit und etwas Stroh ist vorhanden.

♫ **Lied zu Beginn:** Wir sagen euch an ..., 4. Str. (GL 115, eg 17)
Die vierte Kerze wird entzündet.

Maria merkte, das Kind in ihrem Bauch wird bald kommen.
(L. stellt Maria vor den Adventskranz.)
Josef hat keine Herberge gefunden.
(Josef neben Maria stellen; manches können auch Kinder übernehmen!)

Aber ein Stall wurde ihnen angeboten. *(Stroh wird in den Adventskranz gelegt.)*
Im Stall standen Tiere, die den Raum etwas wärmten.
(Ochs und Esel aufstellen)
Dann war es so weit. *(Maria und Josef in den Kranz stellen.)*

♫ **Lied:** Zu Bethlehem geboren, 1. und 2. Str. (GL 140, eg 32)

(Eine zugedeckte Babypuppe wird aufgedeckt, im Kreis herumgetragen und dann zwischen Maria und Josef gelegt.)

L.: Durch Jesus ist die Welt hell geworden.

♫ **Liedruf:** Es werde Licht (Lieder C, Nr. 2)
oder: Du bist das Licht der Welt, Refrain (Tr 1078)

L.: Um noch deutlicher zu zeigen, dass Jesus die Welt heller gemacht hat, legt ihr jetzt eure mitgebrachten Sterne um den Adventskranz – oder darauf oder in seine Mitte …

Wir singen dem göttlichen Kind unsere Freude:
♫ **Lieder:** Freut euch alle (Lieder C, Nr. 3)
oder: Ihr Kinderlein, kommet (eg 43)
oder: Gottes Liebe ist so wunderbar (U 32)

Abschluss
L. nimmt das Jesuskind und trägt es im Kreis herum. Die Kinder dürfen es berühren und „Danke, Jesus!" sagen. Sie erhalten zum Ausmalen ein gerolltes Bild von der Krippe (*zeigen!*).

(Nach einer Idee von Norbert Thelen, Wir erleben die Bibel. Kindergottesdienste im Kreis, Matthias-Grünewald-Verlag, Mainz, 2. Aufl. 2001, S. 48–51)

Zeichnungen S. 32 und 33 aus: Kindergottesdienst praktisch 2001. Mit Kindern Glauben feiern und verstehen, Gütersloher Verlagshaus, Gütersloh 2001, S. 93.

12. Das kostbarste Geschenk
a) Vor Weihnachten

Vorbereiten: Ein schön eingepackter Geschenkkarton, der leicht zu öffnen ist. Darin liegt, in Seidenpapier eingehüllt, das Jesuskind aus der Krippe (der Kirche; es sollte jedenfalls nicht zu klein sein).

L. legt den Geschenkkarton auf ein Tuch in die Mitte.

♫ **Lied zu Beginn:** Wir bringen Frieden für alle (U 94, Tr 277, Mel.)
oder: Zu Bethlehem geboren (GL 140, eg 32)

L.: Immer, wenn wir Weihnachten feiern, beschenken wir uns … Darum habe ich auch ein schönes Weihnachtsgeschenk mitgebracht. In diesem Karton ist sogar das schönste, das tollste Geschenk drin! Aber zuerst erzählt mir mal, was ihr euch alles gewünscht habt!
(Kinder erzählen überschwänglich.) Ist ja toll. Und jedes Jahr wieder ist Weihnachten!

♫ **Lied:** Alle Jahre wieder …

L.: Was in meinem Geschenkkarton verborgen ist, halte ich für wichtiger als alles, was ihr aufgezählt habt. Behaupte ich! Soll ich ihn mal öffnen?
(L. packt langsam und besonnen aus und hält schließlich den Kindern das Jesuskind entgegen. Die Äußerungen der Kinder abwarten und gegebenenfalls darauf eingehen.)
Schaut mal, wie das Jesuskind die Arme ausbreitet (und euch anlacht?), als wollte es sagen: Komm doch in meine Arme. Du darfst immer in meine Arme kommen, ob du lieb bist oder manchmal böse. Jesus hält auch am Kreuz noch seine Arme ausgebreitet: Er liebt dich immer! Darum ist Jesus das tollste Geschenk an Weihnachten.
Vielleicht sagt das Jesuskind mit seinen ausgestreckten Armen auch: Komm, ich möchte von dir in die Arme genommen werden? Darum gehe ich jetzt rund: Wer es umarmen, wer es an sich drücken, streicheln oder küssen will, der darf das tun. Aber vorsichtig – wie bei jedem Baby!

♫ **Lied** *(nach dem Rundgang):* Ihr Kinderlein kommet (eg 43)

(Als Predigt für Erwachsene in „Anschaulich verkündigen", Matthias-Grünewald- Verlag, Mainz 1998, S. 30f)

b) Nach Weihnachten

Vorbereiten: Ein schön eingepackter Geschenkkarton, in dem das Jesuskind aus der Krippe liegt; ein Tuch.

L. (faltet das Tuch auseinander und legt es in die Mitte des Kreises): Draußen habe ich schon traurige Weihnachtsbäume am Straßenrand herumliegen sehen: Viele Nadeln sind bereits ab; ohne goldene Kugeln, keine Kerzen mehr dran, nur noch ein bisschen Lametta ist hängen geblieben. Da dachte ich mir: Wenn für viele das Weihnachtsfest schon vorbei ist, dann muss ich euch das kostbarste Geschenk von Weihnachten noch einmal zeigen. *(L. stellt den Geschenkkarton auf das Tuch.)*
Doch zuerst erzählt ihr mir mal, was ihr zu Weihnachten geschenkt bekommen habt. *(Kinder erzählen lassen)*
Darf ich euch jetzt das kostbarste Geschenk von Weihnachten zeigen? *(L. packt langsam aus, hält das Jesuskind in Händen und legt es auf das Tuch.)*
Ich lade euch ein, mit euren Händen all das zu tun, was die Figuren an der Krippe getan haben:
- Maria hält die Hände gefaltet *(alle falten die Hände)*;
- Josef hat das Jesuskind beschützt *(alle halten eine Hand schützend über das Kind)*;
- Ochs und Esel haben es gewärmt *(alle hauchen Luft in Richtung des Kindes)*;
- der Engel hat die Hände erhoben und den Hirten die gute Nachricht gesagt *(alle heben verkündigend beide Hände)*;
- die Hirten waren erst geblendet *(Hände schützend vor die Augen halten)*;
- dann haben sie gut zugehört *(beide Hände hinter die Ohren halten)*;
- die Könige haben sich hingekniet *(alle knien sich)*, denn:

♫ **Liedruf:** Keiner ist größer (Tr 408)

Das alles sollen wir weitersagen, damit es *alle* Menschen erfahren:
♫ **Liedruf:** Eine freudige Nachricht breitet sich aus (Lieder C, Nr. 1)

(L. nimmt das Jesuskind zärtlich vom Tuch in seine Arme:) Ihr wisst, ein kleines Kind muss ich liebevoll und behutsam auf den Arm nehmen, damit ich ihm nicht wehtue.
Ich gebe euch jetzt nacheinander das Jesuskind in den Arm. Du kannst es ansehen und die offenen Arme betrachten, die sagen möchten: „Komm auch du in meine Arme!"; du kannst dem Jesuskind auch einfach „Danke!" sagen; du kannst es an dich drücken – das haben kleine Kinder gerne; du kannst es auch streicheln oder – wenn du z.B. dein Schmusetier ab und zu küsst – ihm auch einen Kuss geben.
(Jetzt wird das Jesuskind von Arm zu Arm gereicht oder L. reicht es jedem an. Alle schauen still zu. – Danach legt ein Kind es wieder in den Geschenkkarton, deckt es zu und legt den Deckel darüber.)
L.: Zu Hause werden die Krippenfiguren auch für ein Jahr weggelegt. Und alle Jahre wieder dürfen wir uns an das Jesuskind erinnern. Darum singen wir zum Schluss:

♫ **Lied:** Alle Jahre wieder ...

(L. nimmt das Tuch und den Geschenkkarton an sich:) Nicht wahr, es ist das kostbarste Geschenk an Weihnachten! Noch toller als dein Hubschrauber, das Rennauto oder die Puppenküche. Wenn es Jesus nicht gäbe, würden wir ja auch nicht Weihnachten feiern können und uns nicht beschenken ...

13. Der winzigkleine Stern
(Weihnachten)

Vorbereiten: Drei große Sterne, rot, gelb und blau, die Kinder als Kopfbedeckung tragen können; dazu jeweils eine kleine rote, gelbe und blaue Stoffbahn. Ein Kind als kleiner weißer Stern, eventuell in weißem Gewand; eventuell ein Komet für den Kopf des kleinen Sterns an der Krippe.

♫ **Lied zu Beginn:** Zu Bethlehem geboren (GL 140, eg 32)
oder: Alle Jahre wieder ...

Geschichte

L.: Als Jesus geboren werden sollte, wollte auch ein winzigkleiner, weißer Stern über dem Stall von Bethlehem leuchten. *(Ein Kind in weißem Gewand setzt die weiße Sternkopfbedeckung auf)*. Aber er fühlte sich zu klein und zu schwach und wollte noch andere Sterne mitnehmen.

Der kleine weiße Stern ging zu einem großen, roten Stern *(Kind mit rotem Stern)*. Der aber sagte: „Ich kann meinen Platz hier nicht verlassen, sonst finden die Menschen in den riesigen Wüsten ohne Straßen und Wege nicht die rettende Oase. Doch warte, ich gebe dir etwas für das Kind mit." Und er rüttelte und schüttelte sich so, dass sich ein roter Strahlenregen über den kleinen Stern ergoss. *(Der rote Stern heftet eine rote Stoffbahn über den weißen Stern.)* „Danke!", sagte der kleine Stern, „ich will dein Geschenk gerne zum Kind in der Krippe bringen."

Danach traf er einen wunderschön leuchtenden gelben Stern *(Kind mit gelbem Stern)*, den er bat, mitzukommen. Der aber sagte: „Ich darf leider meinen Platz nicht verlassen, sonst finden die vielen Zugvögel nicht mehr die wärmeren Länder und müssen elendig erfrieren. Aber warte, ich gebe dir etwas für das Kind mit!" Und er rüttelte und schüttelte sich so, dass sich ein goldgelber Strahlenregen über den kleinen Stern ergoss. *(Der Stern heftet eine gelbe Stoffbahn über den weißen Stern.)* „Danke!", sagte dieser, „ich will dein Geschenk gerne zum Kind nach Bethlehem tragen."

Der kleine Stern zog weiter, bis er auf einen riesigen blauen Stern traf *(Kind mit blauem Stern)*, den er mitnehmen wollte. Der aber sagte: „Ich darf leider meinen Platz nicht verlassen, denn die Seeleute auf den großen Meeren richten sich nach mir und finden sonst nicht den rettenden Hafen. Aber warte, ich gebe dir etwas für das Kind mit!" Und er rüttelte und schüttelte sich so, dass sich ein blauer Strahlenregen über den kleinen Stern ergoss. *(Der Stern heftet eine blaue Stoffbahn über den weißen Stern.)* „Danke", sagte dieser, „ich will dein Geschenk gerne zum Kind nach Bethlehem tragen!"

Nun war der winzigkleine Stern durch die Geschenke der drei großen zu einem Stern geworden, der in vielen Regenbogenfarben herrlich leuchtete. Schließlich fand er den Stall mit dem Jesuskind. Voller Freude schüttelte und rüttelte er sich, sodass die roten, gelben und blauen Strahlen nur so funkelten und sprühten. *(Die angehefteten Strahlen werden abgenommen und über die Krippe gelegt.)* Da lachte das Kind in der Krippe voll Freude auf und der

armselige Stall leuchtete in diesem himmlischen Sternenlicht herrlicher auf als alle Königspaläste dieser Welt.
Der kleine Stern aber dachte bei sich: „Der weite Weg hat sich gelohnt. Ich bin zwar jetzt wieder weiß und winzigklein, aber das Kind in der Krippe hat sich gefreut und die Menschen dort haben gespürt, dass etwas Einmaliges geschehen ist."
(Alternativ, falls der kleine Stern im Austausch jetzt einen Kometen aufgesetzt bekommt: „Als er aber an sich herauf- und heruntersah, merkte er, dass er zwar wieder weiß war, aber einen prächtigen Kometenschweif bekommen hatte. Ob das wohl ein Geschenk des Kindes in der Krippe war?")

(Nach einer Geschichte von Ursula Möltner, D-41516 Grevenbroich-Langwaden, vgl. auch „Kurzgeschichten 6", Nr. 11, Matthias-Grünewald-Verlag, Mainz)

♫ **Lied:** Ihr Kinderlein, kommet (eg 43)
oder: Stern über Bethlehem (Tr 495)

14. Der große und der kleine Stern
(Weihnachten)

Vorbereiten: Eine Krippe mit Jesuskind; ein großes und ein kleines Kind mit einem Stern als Kopfbedeckung; ein Schaf, eine Taube, ein Reh und ein Esel, jeweils mit angedeuteten Merkmalen, sowie ein Baum, ein Bach, eine Christrose und eine Maus. Sie können auch andere Tiere usw. einsetzen.

♫ **Lied:** Alle Jahre wieder …
oder: Zu Bethlehem geboren (GL 140, eg 32)

In der Nacht, in der das Christkind im Stall zu Bethlehem geboren wurde, strahlten die Sterne am Himmel plötzlich ganz hell auf und begannen zu singen: „Kommt alle, geht zum Kind in der Krippe! Es will alle retten!" *(Der große Stern geht los.)*
Ein ***Schaf*** hört sofort die frohe Botschaft von einem großen Stern und macht sich auf den Weg. *(Ein „Schaf" geht hinter dem Stern her.)*
Aber es hört nicht, dass auch ein kleiner Stern ganz leise die gute Nachricht singt. *(Der kleine Stern geht auch – langsam – los.)*
Auch eine ***Taube*** vernimmt die frohe Kunde von einem strahlen-

den Stern und fliegt los. *(„Taube“ fliegt hinter dem Schaf her.)* Aber den kleinen Stern bemerkt sie nicht.
Auch ein ***Reh*** wird vom Gesang eines prächtigen Sterns geweckt und stapft hinterher. *(„Reh“ geht hinterher.)* Aber den kleinen Stern mit seiner Botschaft sieht es nicht.
Und ein ***Esel*** hört die gute Nachricht von einem herrlichen Stern. Voller Freude geht er mit. *(„Esel“ geht mit.)* Aber den kleinen Stern erkennt er nicht.
So ziehen das Schaf, die Taube, das Reh und der Esel hinter dem leuchtenden Stern her bis zu dem Stall, in dem das Christuskind geboren wurde. *(Sie stellen sich vor die Krippe.)* Nur der kleine Stern kann ihnen nicht so schnell folgen. Da wird er traurig. Er will doch auch allen den Weg zum Kind in der Krippe weisen – wie die anderen Sterne.
Da hört der kleine Stern auf einmal eine leise Stimme. Ein ***Baum*** raunt ihm zu *(der kleine Stern kommt zu einem „Baum“)*: „Bitte, lieber Stern, ich kann nicht gehen; bring meine Treue, immer an derselben Stelle zu stehen, und meine Glückwünsche zum Christuskind!“
Kaum ist der kleine Stern ein Stückchen weiter gegangen, da hört er einen ***Bach,*** der spricht *(Stern kommt zum „Bach“)*: „Lieber Stern, ich kann mein Bett nicht verlassen; bring meine Lebendigkeit und mein Plätschern zum Kind in der Krippe.“
Eine Weile später spricht eine weiße Blume *(Stern kommt zur „Blume“)*, eine ***Christrose,*** mitten im Schnee: „Bitte, lieber Stern, nimm meinen Duft und mein Leuchten mit zum Jesuskind!“
Wieder etwas später wispert eine ***Maus:*** „Ach, lieber Stern *(Stern kommt zur „Maus“)*, ich würde erfrieren, wenn ich mit meinen kleinen Füßen den weiten Weg durch den kalten Schnee gehen müsste. Bring meinen Dank und meine Freude zum Kind in der Krippe.“
Als der kleine Stern zum Stall kommt *(Stern geht zur Krippe)*, sind die „großen Tiere“ schon lange angekommen. Sie freuen sich über das neugeborene Kind, das die Welt retten will. Da bringt der kleine Stern die Treue und Glückwünsche des Baumes mit, die Lebendigkeit und das Plätschern des Baches, den Duft und das Leuchten der Christrose und den Dank und die Freude der Maus. Und siehe: Da lächelt das Kind in der Krippe und es wurde noch heller im Stall und in der weiten Welt.

(Stark verändert nach dem Kinderbilderbuch von Masahiro Kasuya, Der kleine Stern, Friedrich Wittig-Verlag, Hamburg 1978)

♫ **Lied:** Ihr Kinderlein, kommet (eg 43)
oder: Stern über Bethlehem (Tr 495)
oder: Heute leuchten alle Sterne (T.: L. Kleikamp; M.: D. Jöcker, Menschenkinder Musik-Verlag, Münster)

Abschluss
Ein „Sternentanz“ der Kinder vor der Krippe.

15. Die Tiere an der Krippe
(Weihnachten)

Vorbereiten: Krippe mit Jesuskind; eventuell Maria und Josef; Sternenkind oder Kind mit Stern; ein Engel, Schaf, Ochs, Esel, Taube, Eule, Maus, Schnecke.

♫ **Lied zu Beginn:** Alle Jahre wieder …
oder: Zu Bethlehem geboren (GL 140, eg 32)

L.: Als in der Heiligen Nacht Jesus in einem Stall geboren wurde, leuchtete ein heller Stern über Bethlehem auf *(„Stern“ tritt in die Mitte)*. Und jeder wusste: Das Kind hat Licht in die dunkle Welt gebracht.

♫ **Liedruf:** Mache dich auf und werde licht (Tr 507)

L.: Auch die Engel verkündeten die gute Nachricht: Frieden auf Erden für alle Menschen und Geschöpfe. Frieden für alle, die guten Willens sind.

♫ **Liedruf:** Wir bringen Frieden für alle (U 94)

L.: Stern und Engel wollten die neue gute Zeit auch den Tieren verkünden und zur Krippe rufen, und sie machten sich gemeinsam auf den Weg. Der Stern weckt das Schaf.

Stern: He, aufstehen, Schaf! Jesus ist geboren! Komm zum Stall. Jesus braucht dich.

Schaf: Ja, ich komme mit. Ich will den Menschen und diesem Jesuskind mit meiner Wolle nicht nur dicke Pullover und Socken schenken, sondern mein ganzes Leben.

Engel: Ja, du musst hin. Jesus selbst wird einmal das „Lamm Gottes“ genannt werden.

(Schaf geht hinter Stern und Engel her.)

L.: Der Stern weckt den Ochsen.

Stern: He, Ochse! Aufwachen! Jesus ist geboren! Auf dich können wir nicht verzichten!

Ochse: Ja, ich bin stark. Ich bin für jede schwere Arbeit gut. Ich lasse mich auch vor schwere Karren spannen!

Engel: Ja, wir brauchen dich. Allen Menschen, die Schweres ertragen müssen, machst du Mut. Und mit deinem Atem kannst du das Kind im kalten Stall wärmen.

(Ochse geht hinter Stern und Engel her.)

L.: Der Stern weckt den Esel.

Stern: He, Esel! Jesus ist geboren! Komm zum Stall! Jesus braucht dich!

Esel: Ja, ich bin ein prima Lasttier und sehr anhänglich. Ich will vergessen, dass ich manchmal sehr störrisch bin!

Engel: Ja, Jesus braucht dich. Zuerst musst du ihn und seine Mutter nach Ägypten tragen und später wird er auf dir als König in Jerusalem einziehen.

(Alle gehen hinter Stern und Engel weiter.)

L.: Jetzt weckt der Stern die Maus.

Stern: He, Maus! Wach auf! Jesus ist geboren! Komm zum Stall!

Maus: Was, ich soll zur Krippe kommen? Mich jagen doch alle, die Menschen und die Katzen!

Engel: Jesus braucht dich. Die Kleinen und Geringen sind ihm besonders viel wert. Gerade ihnen will er Mut machen!

L.: Der Stern weckt die Taube.

Stern: He, Taube! Wach auf! Komm zum Stall!

Taube: Ja, ich komme. Ich hab schon Noach in der Arche die gute Botschaft mit einem Ölzweig gebracht.

Engel: Jesus braucht dich als Friedensboten. In alle Welt sollst du seine gute Nachricht bringen.

L.: Der Stern weckt die Eule.

Stern: He, Eule, wach auf! Jesus braucht dich!

Eule: Ja, ich komme. Mir entgeht keine Bewegung in der Nacht.

Engel: Du hast ein Gespür für die Nacht und das Dunkel. Jesus braucht weise Geschöpfe, die Menschen den Weg durch die Dunkelheiten des Lebens zeigen.

L.: Der Stern weckt die Schnecke.

Stern: Schnecke! Wach auf! Jesus ist geboren. Komm zum Stall!
Schnecke: Ich bin doch zu langsam und ziehe mich oft erschreckt in mein Haus zurück.
Engel: Komm mit! Jesus braucht dich! Durch dich will er den Menschen zeigen, dass sie auch ans Ziel kommen können, wenn sie langsam sind.
(Jetzt stellen sich alle rund um die Krippe.)
L.: Alle kann Jesus gebrauchen: die Großen und die Kleinen, um seine Botschaft in alle Welt zu tragen.

♫ **Lied:** Ihr Kinderlein, kommet (eg 43)

(Nach dem Spiel: Die Tiere kommen zur Krippe; Quelle unbekannt)

16. Die Geschenke der drei Könige

(Erscheinung des Herrn)

Vorbereiten: Die Krippe mit dem Jesuskind; ein Weihrauchfass mit Kohle und Weihrauch; eine brennende Kerze.

♫ **Lied zu Beginn:** Zu Bethlehem geboren (GL 140, eg 32)
oder: Ihr Kinderlein, kommet (eg 43)

L.: Wenn ein Kind geboren wird, gratulieren alle der Mutter und dem Vater. Manche bringen auch ein Geschenk mit. Als Jesus geboren wurde, kamen auch weise Männer aus einem fernen Land, die etwas von Sternen verstanden. Sie waren einem Stern bis zur Krippe gefolgt.

♫ **Lied:** Stern über Bethlehem (Tr 495)

Evangelium

Im Heiligen Buch heißt es: Sie gingen in den Stall und sahen das Kind und Maria, seine Mutter. Da fielen sie auf die Knie und beteten es an. Dann breiteten sie ihre Geschenke vor ihm aus: Gold, Weihrauch und Myrrhe.

♫ **Liedruf:** Keiner ist größer als unser Herr und Gott (Tr 408)

Katechese

Zuerst knien wir uns wie die weisen Leute vor dem Jesuskind in der Krippe nieder und singen noch einmal: „Keiner ist größer …"
Wisst ihr noch, was die Könige dem kleinen König in der Krippe geschenkt haben?
Gold – etwas ganz Kostbares. Als deine Mama und dein Papa heirateten, haben sie sich goldene Ringe angesteckt. Die Könige wollten mit dem Gold sagen: Jesus, du bist uns ganz kostbar. Du bist der größte König der Welt.
Myrrhe – ist eine Salbe. Wenn jemand eine Wunde hat, streicht er Salbe darauf, damit sie heilt. Wenn die Sonne zu stark brennt, schützt man sich durch eine Creme. Die drei weisen Männer wollten mit der Myrrhe-Salbe sagen: Jesus, du kannst heilen. Du kannst uns schützen.
Weihrauch – steigt zum Himmel empor und sein Duft erfüllt den ganzen Raum. Mit dem Weihrauch wollten die drei Könige sagen: Jesus, du kannst uns helfen, in den „Himmel" zu kommen. *(Etwas klassischere Deutungen siehe unter Nr. 17: Das Jesuskind liebt alle Menschen.)*
Das mit dem Weihrauch wollen wir einmal ausprobieren. Ich zünde diese Kohle über der brennenden Kerze an. Dann glüht sie auf, wie ihr das vielleicht vom Grillen her kennt. Darauf werfe ich dann kleine Weihrauchkörner: Seht ihr, wie sie zu Rauch und Duft werden, wie der Duft zum „Himmel" steigt?
Wer möchte, darf ein paar Körner auf die glühende Kohle werfen …
(Weil Kinder dabei oft im letzten Moment zurückschrecken, empfiehlt es sich, eine Folie unter dem Weihrauchfass auszubreiten, die herabfallende Körner auffängt.)
Seht ihr, wie der Duft immer noch aufsteigt und bald den ganzen Raum erfüllt?
So steigen auch unsere Gebete zu Gott empor. Wir stellen uns einmal wie Bettler mit ausgestreckten Händen vor Jesus hin und bitten:

Gebet

Jesus, ich vertraue dir. Jesus, ich bete dich an. Jesus, ich will dich lieben. Erfülle mich ganz, wie der Weihrauch diese Kirche.

♫ **Lied:** Gottes Liebe ist so wunderbar (U 32)

(Nach einer Idee von Detlef Tappen, D-42781 Haan/Rhld.)

17. Das Jesuskind liebt alle Menschen
(Weihnachten / Erscheinung des Herrn)

Vorbereiten: Ein Jesuskind aus/mit der Krippe; ein Tuch; die drei Könige.

L. *(legt das Tuch in die Mitte und stellt die Krippe mit dem Jesuskind in die Mitte)*: Seht mal, wie das Jesuskind die Hände ausbreitet, als wenn es sagen will: „Ich umarme dich. Du darfst immer zu mir kommen." Darum singen wir:
♫ **Lied:** Ihr Kinderlein, kommet (eg 43)

L.: Auch andere sind noch zur Krippe gekommen *(Kinder erzählen lassen von Engeln, Hirten und Königen)*!
Ja, auch die Könige sind von weit her gekommen. *(L. packt jetzt die Könige aus und stellt sie vor die Krippe.)* Seht mal, dieser hier war ein junger König. Er hieß Kaspar. Er brachte Gold. Er wollte damit sagen: Jesus, du bist ein König. Und zu einem König passt Gold – wie meine goldene Krone.
Das hier ist ein schwarzer König, Melchior hieß er. Der brachte Weihrauch. In der Kirche wird manchmal Weihrauch gebraucht. Melchior wollte damit sagen: Jesus, du bist der Sohn Gottes.
Der Dritte war schon ein alter König. Er hieß Balthasar. Der hatte schon viele Menschen sterben sehen. Er brachte eine Salbe mit, die Myrrhe genannt wurde. Er wollte damit sagen: Jesus, du bist nicht nur Gottes Sohn, du bist auch ein Mensch und auch du musst sterben. Und dann können die Menschen dir die Wunden mit dieser Salbe einreiben, dann können sie dich einbalsamieren. *(Andere kindernahe Deutungen siehe Nr. 16: Die Geschenke der drei Könige)*
Alle drei knieten sich nieder.
♫ **Lied:** Zu Bethlehem geboren (GL 140, eg 32)

Schaut mal, das Jesuskind liebt die jungen und alten Menschen, die Menschen mit weißer und schwarzer Hautfarbe …, es liebt alle Menschen.

Abschluss
L. geht mit dem Jesuskind im Kreis herum. Die Kinder dürfen es berühren und sagen: „Danke, Jesus!" oder „Ich liebe dich auch, Jesus!"
Danach: Jetzt packe ich alles wieder in meinen Korb, so wie bei euch

zu Hause die meisten auch schon wieder alle Weihnachtssachen eingepackt haben. In einem Jahr aber dürfen wir wieder singen:
♫ **Lied:** Alle Jahre wieder …

18. Familie – wie ein schützendes Haus
(Familiensonntag)

Vorbereiten: Ein Häuschen oder ein Kartonhaus, wie es von Kindern gerne genutzt wird. Eine Bibel.

♫ **Lied zu Beginn:** Die Erde ist schön (Tr 774)
L.: Die Erde ist schön, wenn wir nicht mutterseelenallein in der Welt sind. Wenn andere für mich da sind und ich für andere da sein kann. Miteinander ist es am schönsten. Miteinander unter einem Dach, das schützt.

♫ **Lied:** Gott hat alles gut geschaffen (Tr 427)

Geschichte
Es lebte einmal ein Kaiser (Friedrich II.), von dem wird Folgendes erzählt: Er wollte herausfinden, welche Sprache die Menschen sprechen, bevor die Eltern ihnen die Wörter vorsagen. Er ließ deshalb ein paar Babys in ein ganz einsames Haus in einem Wald bringen. Alle, die den Babys zu essen und zu trinken gaben, durften kein einziges Wort mit ihnen sprechen, auch nicht mit ihnen spielen oder lachen, nicht schmusen oder die Tränen abwischen.
Aber der Kaiser hatte einen Fehler gemacht. Er hat niemals erfahren, welche Sprache die Kinder sprechen würden. Alle Kinder starben nach ein paar Monaten.
Wisst ihr, warum sie gestorben sind? (…) Ja, wir brauchen die anderen, die mit uns lachen und spielen, die uns zuhören und vertrauen, mit uns singen und beten, schmusen und uns helfen. Das alles gelingt am besten zu Hause mit Papa und Mama, den Geschwistern und Freunden, mit Oma und Opa. Die Familie ist wie ein Haus, das uns schützt und hilft.
♫ **Lied:** Halte zu mir, guter Gott (U 39)
(mit Gestik, z.B. Hände über dem Kopf wie ein schützendes Dach)

L.: Gott ist also auch wie ein schützendes Dach! Jesus hat uns gesagt, wie wir im Haus der Familie am schönsten zusammenleben:

Evangelium
Jesus sagt: Liebt einander, wie ich euch geliebt habe. Daran können alle erkennen, dass ihr zu mir gehört: wenn ihr einander liebt! (Joh 13,34f).

♫ **Lied:** Wir bringen Frieden für alle (U 94, Tr 277, Mel.)

(Nach Kindermesskreis St. Peter und Paul, D-57074 Siegen)

19. Wie eine Perle in der Perlenkette Jesu
(Januar / Berufung)

Vorbereiten: Für jedes Kind eine etwas größere Holzkugel mit Loch und wasserfeste Stifte. Eine Bibel; ein Seil. – Die Eltern werden gebeten, den Namen ihres Kindes auf die Kugel zu schreiben – falls möglich –, sonst nur den Anfangsbuchstaben.

♫ **Lied:** Gott liebt die Kinder (Tr 407)

L.: Allein sein, das ist manchmal schrecklich. Schön ist es, wenn Freunde oder Freundinnen bei uns sind. Auch Jesus wollte nicht allein sein.

Evangelium
Wir hören, wie Jesus sich Freunde gesucht hat: Jesus ging am Ufer des Sees von Galiläa entlang. Da sah er zwei Fischer. Die warfen gerade ihr Netz aus, um Fische zu fangen. Da rief Jesus: „He, Petrus und Andreas, ihr sollt meine Freunde sein! Kommt und geht mit mir!“ Und noch ein Stückchen weiter flickten zwei Männer ihre Netze. Da rief Jesus wieder: „He, Johannes und Jakobus, kommt, ich brauche euch! Ihr werdet bald Menschen fangen!“ Da ließen sie alles zurück und gingen mit Jesus (nach Mk 1,16–20).

♫ **Liedruf:** Er rettet dich, Refrain (Tr 442)

L.: Immer wieder sucht Jesus Freunde. In der Taufe hat er auch zu dir und mir gesagt: „Komm, werde mein Freund!" Macht ihr mit? Dann kommt!

Aktion
Die Kinder nennen ihren Namen, erhalten „ihre" Holzkugel und fädeln sie zu einer entsprechend großen Perlenkette auf.

L.: Perlen sind etwas ganz Wertvolles. Früher besaßen nur Könige, Prinzessinnen und reiche Leute Perlen. Ihr seid für Jesus ganz wertvoll. Wie eine kostbare Perle. So viele Perlen auf der Kette – das ist ein Schatz. Und Jesus kennt jeden Namen. *(Jetzt wird die Perlenkette um ein Kreuz gehängt.)*
♫ **Lieder:** Freut euch alle (Lieder C, Nr. 3)
und: Gottes Liebe ist so wunderbar (U 32)

Austeilen der Perlen von der Kette: Nehmt eure Perle mit nach Hause, um euch an heute zu erinnern: Ihr seid für Jesus wie eine Perle. In der großen Gemeinschaft so vieler Freunde und Freundinnen von Jesus ist jeder von uns wie eine Perle in seiner großen Perlenkette.

♫ **Lied:** Halte zu mir, guter Gott (U 39)

(Leicht verkürzt nach Gregor Bünnagel)

20. Froh machen
(Karneval / Fasching / Fastnacht)

Vorbereiten: Ein Plakat mit einem lachenden Clown und eins mit einem traurigen oder weinenden Kind (beide sind noch verdeckt).

♫ **Lied zu Beginn:** Gott liebt die Kinder (Tr 407)

L.: Zur Karnevalszeit sind wir lustig und von Herzen froh. Dabei helfen uns die Kostüme und Luftschlangen und …
L. *(zeigt das Clown-Plakat)*: Was möchte der Clown in seinem bunten Kostüm? … Von Herzen froh machen! Selbst wenn ihm einer übel mitgespielt hat, wenn er hingefallen ist …, er lacht zuletzt immer. Wer etwas Freude im Herzen hat wie dieser Clown, darf mitsingen:

♫ **Lied:** Wir singen vor Freude … (Aus: Mein Liederbuch, tvd-Verlag, D-40426 Düsseldorf)
oder: Froh zu sein, bedarf es wenig … (Kanon)

Evangelium
Einleitung: Es gibt noch einen, der froh machen wollte, auch wenn *(L. zeigt aufs Kreuz)* er ans Kreuz geschlagen wurde. Dieser Jesus sagt: Kommt doch alle zu mir, die ihr Angst habt, müde, traurig und abgehetzt seid. Bei mir könnt ihr aufatmen und froh sein. Ich lasse euch nie allein! (nach Mt 11,28–30). – Sagt es weiter:
♫ **Liedruf:** Eine freudige Nachricht breitet sich aus (Lieder C, Nr. 1)

L. *(zeigt das Plakat mit dem traurigen Kind)*: Was ist denn da passiert? … Dann tut es gut, wenn es die Mama oder der Papa in den Arm nimmt und tröstet. Oder wenn ein Freund, eine Freundin zu ihm halten. Jesus möchte das: Alle von Herzen froh machen. Dabei dürfen wir helfen. Dass uns das gelingt, dazu segne ich euch.

Segen

♫ **Lied:** Guter Gott, danke schön (Tr 413)
oder: Wenn du Freude hast im Herzen (Lieder C, Nr. 8)
oder: Freut euch alle, singt und spielt (Lieder C, Nr. 3)

(Nach einer Idee von Gregor Bünnagel, Rheinbach)

21. Immer oben und froh sein
(Karneval / Fasching / Fastnacht)

Mitbringen: „Stehaufmädchen" Tina – wie in Spielwarengeschäften erhältlich (oder ein Stehaufmännchen); ein Tuch.

Hinweis: Suchen Sie ruhig andere Beispiele. Es gilt aber immer: zu Boden gedrückt, ist Tina traurig; losgelassen und nach oben gerichtet, froh. – Auf hartem Boden wankt Tina länger hin und her als auf dem Tuch!

♫ **Lied:** Pass auf, kleines Auge (Lieder C, Nr. 7)

L.: Was meint ihr, was ich in diesem Tuch verborgen habe? (*Einige betasten es.)*

L. *(packt Tina aus)*: Das ist Tina. Manchmal drückt sie etwas zu Boden, ist sie traurig *(L. drückt sie zu Boden und lässt dann los)*, aber sie richtet sich immer wieder auf. Immer wieder. So möchte das auch Jesus: Dass wir immer wieder froh werden, wenn uns etwas umgeworfen hat. *(Beispiele:)*

1. Du hast Geburtstag; alles ist vorbereitet. Und dann kommen nur zwei *(jetzt Tina immer mehr zu Boden drücken)*. Ein paar haben es vergessen, nicht mal angerufen haben sie! – Da kommt die Mutter und nimmt dich in den Arm: So ist das! Kinder sind manchmal böse, ohne es zu wollen; sie vergessen es, wenn die Mama nicht dran denkt. *(Tina loslassen!)* Jetzt geht es dir wieder etwas besser.
2. Du baust mit Lego- oder Duplosteinen. Aber immer wieder klappt's nicht *(Tina runterdrücken!)*. Schließlich wirfst du alles zusammen und schimpfst. – Da kommt Vater, legt sich neben dich und hilft dir. Ist das toll, so ein Papi! *(Tina loslassen!)*
3. Die Kinder spielen „Mutter und Kind". Du musst, weil du die Kleinste bist, immer wieder das Baby sein. Aber du willst es nicht mehr … – Da geben die Kinder nach. Jetzt darfst du mal die Mama spielen …
4. Du liegst schon tagelang krank im Bett. Ist das öde. Und keiner darf dich besuchen, weil es ansteckend ist. – Du siehst fern: Da wird ein Kind gezeigt, das immer im Rollstuhl sitzen muss. Immer.
5. Mama ruft: Wer holt mir aus dem Keller ein Glas Marmelade? Im Keller ist es dunkel. Der Bruder will auch nicht mit. Nein, ich hab Angst! Aber ich geh! Marmelade – die darf morgen nicht auf dem Frühstückstisch fehlen!

   Jesus möchte dich immer oben und froh sehen. Dazu brauchst du die Mama, den Papa …, wen noch? … Aber Jesus will auch dabei helfen. Und er hat es ja mit dem Kreuz vorgemacht. Dreimal ist er beim Schleppen hingefallen. Und dreimal ist er wieder aufgestanden. Er hilft uns bestimmt!

♫ **Lied:** Die Erde ist schön (Tr 774)
oder: Guter Gott, danke schön (Tr 413)

Abschluss

Tina von Hand zu Hand gehen lassen *oder* zum Abschied die Hand abklatschen (= Hand gegen Hand schlagen).

22. Der Mensch lebt nicht vom Brot allein

(Fastenzeit)

Vorbereiten: Ein kleiner Sonnenstrahl für jeden.

♫ **Lied zu Beginn:** Gottes Liebe ist wie die Sonne (U 33, Tr 5)

Erzählung 1

Einmal war eine ganze Mäusefamilie fleißig damit beschäftigt, Nüsse und Körner zusammenzutragen. Der lange, kalte Winter stand ja vor der Tür. Nur die Maus Frederick macht nicht mit. Wir fragen Frederick: „Warum machst du nicht mit? Warum sammelst du keine Nüsse und Körner?" Er gibt zur Antwort: „Ich sammle Sonnenstrahlen für die kalten, dunklen Tage. Und ich sammle Farben, denn der Winter ist so grau. Und Wörter, denn die Tage sind so lang, dass wir dann nicht mehr wissen, worüber wir sprechen sollen." So einer ist Frederick.

♫ **Liedruf:** Die Erde ist schön (Tr 774)

Evangelium

Einmal sagte Jesus: Die Menschen, du und ich, wir leben nicht nur vom Brot, sondern von jedem Wort, das aus dem Munde Gottes kommt (Mt 4,4). Damit meint Jesus: Es ist zwar wichtig, dass wir uns satt essen können, aber es ist noch wichtiger, dass uns einer sagt: Du, ich mag dich! Und Gott liebt dich auch, wenn du schon mal böse bist. Und Gott schließt dich sofort wieder in seine Arme, wenn dir das Böse Leid tut und du zu ihm kommst.

♫ **Lied:** Kindermutmachlied: Wenn einer sagt (U 55, Tr 929)

Erzählung 2

Der eisige Winter kommt. Zuerst lebt die Mäusefamilie glücklich von den Nüssen und Körnern. Aber dann wird es grau und still und sehr kalt. Da erinnern sich die Mäuse an Frederick: „He, Frederick, was machen deine Vorräte?" Da erzählt Frederick von den Sonnenstrahlen, den Farben und den guten Wörtern. Und langsam wird es in den Herzen der Mäuse wieder bunt und lebendig, warm und hell.

(Nach der Erzählung von Leo Leonni)

Wir brauchen, um glücklich zu sein, mehr als Nüsse und Körner, einen vollen Kühlschrank und Kleider und eine geräumige Wohnung. Wir brauchen vor allem welche, die sagen: Du, ich mag dich! Weißt du, dass Gott dich liebt? Und Jesus dich gerne an die Hand nimmt?
Damit ihr das nicht vergesst, schenke ich jedem solch einen Sonnenstrahl.
♫ **Liedruf:** Es werde Licht (Lieder C, Nr. 2)
oder: Gottes Liebe ist so wunderbar (U 32)

23. Gegen- oder miteinander?
(Gemeinschaft/Misereor/ Fastenzeit)

Vorbereiten: Große „Steine" aus Schaumstoff, aus denen eine Mauer gebaut werden kann. Großer Kessel; großer Rührlöffel. Die Kinder können schon vorher beginnen, aus Legematerial eine große Mauer zu bauen.

♫ **Liedruf:** Gott liebt die Kinder (Tr 407)

Manchmal bauen Menschen eine große Mauer zwischen sich – so wie die Mauer, die ihr gebaut habt (oder es wird jetzt eine große aus den Schaumstoff-Steinen gebaut): Da spielen Kinder nicht mehr miteinander; dort schreien sich Erwachsene an oder alle behandeln sich wie Luft und sehen weg. Ich hoffe, ihr seid, wir sind da anders. Wir singen:
♫ **Liedruf:** Wir bringen Frieden für alle (U 94, Tr 277, Mel.)

Darum tragen wir die Mauer ab oder drücken sie ein (auch die der Kinder). Dazu gibt es eine wunderbare Geschichte (die auch gespielt werden kann!):

Geschichte
Zwei Männer gingen einmal von Tür zu Tür, um ein wenig Essen zu erbetteln. Aber überall wurden sie abgewiesen. Die Herzen der Menschen schienen so hart wie die Steine, die hier herumliegen. Da nahmen die Männer einen großen Kessel *(Kessel in die Mitte stellen)* und füllten Wasser *(pantomimisch!)* hinein. Sie machten Feuer darunter *(pantomimisch)* und legten langsam *(theatralisch)*

große Steine in den Kessel. Mittlerweile kamen die Leute neugierig näher, um zu sehen, was die beiden trieben. Der eine Mann rührte mit einem Kochlöffel im Kessel herum *(tun!)*, probierte dann am Löffel und sagte: „Hmm, ausgezeichnet, es schmeckt schon sehr gut; alles, was noch fehlt, sind ein paar Kartoffeln."
„Ach", rief eine Frau, „da hab' ich noch ein paar zu Hause!", lief, holte sie, schnitt sie auseinander und warf sie in den Topf. Jetzt schmeckte der andere Mann am Löffel und sagte: „Herrlich. Es fehlen eigentlich nur noch Erbsen und Möhren."
Tatsächlich, auch die wurden herbeigebracht; auch noch Fleischstücke und Gewürze ... Endlich war die Suppe fertig.
„Lasst uns die Suppe gemeinsam essen!", ließ sich der erste Mann wieder vernehmen, „wenn ihr noch Teller und Besteck holt ..." Da brachten einige auch noch Brot mit und Obst für den Nachtisch.
Dann saßen sie alle zusammen und aßen die wunderbare „Stein"-Suppe. Alle lachten und waren fröhlich, das ganze Dorf/der ganze Stadtteil wurde zusammengeführt. Es wurde ein Fest!

♫ **Liedruf:** Wenn jeder teilt, was er hat (Tr 196)

Jesus sagt: Freuen dürfen sich alle, die ein Herz für andere haben. Sie werden erfahren, wie barmherzig Gott ist (nach Mt 5,7).

♫ **Liedruf:** Gottes Liebe ist so wunderbar (U 32)

Abschluss
Zu einer kräftigen Suppe einladen. Eventuell kann der Erlös einem guten Zweck zugute kommen!

(Geändert nach einer Idee des Kindergartens
St. Theresia, D-96224 Burgkunstadt)

24. Jesus hält auch zu Freunden, die Fehler machen

(Palmsonntag/Karwoche – Mk 14,66–72; Joh 21,15–23)

Vorbereiten: Jedes Kind bringt einen Palmzweig (Buchsbaum) mit, der zunächst neben den Stuhl gelegt wird. Jesuskerze; 12 Kerzen für die Jünger. Rundes Tischtuch.

♫ **Liedruf:** Gott liebt die Kinder … (Tr 407)

L. *(legt das Tischtuch in die Mitte)*: Oft hat Jesus mit seinen Jüngern zusammen gegessen, zuletzt kurz vor seinem Tod. Alle zwölf Schüler, all seine Jünger, waren dabei. *(Jesuskerze brennend hinstellen und zwölf kleine brennende Kerzen rundherum)*
Jesus spürt, dass er sterben muss. Die Feinde sind zu mächtig. Er wird traurig und sagt zu seinen Freunden: „Auch ihr werdet, wenn meine Feinde kommen, alle weglaufen.“ Da springt Petrus auf *(L. rückt die Kerze von Petrus neben die Jesuskerze)* und ruft: „Ich nicht! Ich halte zu dir. Ich bin dein guter Freund!“
Da sagt Jesus: „Vorsichtig, Petrus, wenn der Hahn zweimal Kikeriki kräht, wirst du dreimal gesagt haben: Ich kenne Jesus nicht!“ – Eine Kerze muss ich jetzt ausblasen – die von Judas. Der hat sich heimlich weggeschlichen, um Jesus zu verraten und zu verkaufen! *(L. bläst Kerze aus.)*
Und als die Soldaten anrückten, um Jesus zu fesseln, laufen alle seine Freunde weg *(alle Kerzen, außer der des Petrus, ausblasen)*. Nur Petrus blieb in der Nähe. Es ist kalt und Petrus wärmt sich an einem Feuer. Eine Frau kommt, zeigt auf Petrus und sagt: „Du bist doch auch ein Freund von diesem Jesus!“ Petrus sagt: „Ich? Nein, du musst mich verwechseln!“
Dann kommt noch eine Frau vorbei: „Du da, ich erkenne dich. Du gehörst doch auch zu diesem Jesus!“ „Nein!“, schreit Petrus, „ich kenne diesen Jesus gar nicht!“ Aber da sagen alle, die am Feuer stehen: „Wir haben dich doch bei ihm gesehen. Und du sprichst genauso wie er!“ Da stampft Petrus mit dem Fuß auf und brüllt – auch, weil er Angst hat, wie Jesus gefesselt zu werden: „Lasst mich in Ruhe. Ich kenne ihn überhaupt nicht!“ Da krähte der Hahn „Kikeriki, Kikeriki!“ *(L. nimmt still die Petrus-Kerze und bläst sie aus.)* Da erinnerte sich Petrus an die Worte Jesu und weinte sehr.

♫ **Liedruf:** Liebte Gott, der Herr, uns nicht (Tr 4; nur Refrain)

Nachdem Jesus getötet worden war und wieder auferstanden ist, besucht er seine Freunde. Auch Petrus ist dabei. Jesus nimmt ihn zur Seite, ihn, der ihn dreimal verleugnet hat, und fragt: „Petrus, liebst du mich?" Jesus sagt nicht: „Warum hast du mich verleugnet?" Nein, er trägt nicht nach.
Er fragt ein zweites Mal: „Liebst du mich, Petrus?"
„Ja", sagt Petrus.
Und Jesus fragt ihn ein drittes Mal: „Liebst du mich?"
Petrus spürt, warum Jesus ihn dreimal fragt. Und noch lauter sagt er: „Ja, du weißt, dass ich dich liebe, dass ich dein Freund sein will!"
(L. nimmt die Petrus-Kerze und entzündet sie wieder an der Jesus-Kerze.) So einer ist Jesus! Er will unser Freund sein, auch wenn wir etwas falsch machen – und immer wieder falsch machen! Auf diesen König lassen wir uns ein. Ihm singen wir unser Hosianna.
(Kinder nehmen die Palmen [den Buchsbaum] und halten sie in Richtung Jesus-Kerze oder Kreuz.)
♫ **Liedruf:** Hosanna-Ruf (Lieder C, Nr. 5)

(Kinder können jetzt auch die anderen Jünger-Kerzen wieder entzünden.)
Die Palm- bzw. Buchsbaumzweige der Kinder werden gesegnet. Sie können als Freundschaftszeichen zu Hause hinter ein Kreuz geheftet werden.

♫ **Lied zum Abschluss:** Gottes Liebe ist so wunderbar (U 32)
oder: Guter Gott, danke schön (Tr 413)

(Teilweise nach Norbert Thelen, Wir erleben die Bibel. Kindergottesdienste im Kreis, Matthias-Grünewald-Verlag, Mainz, 2. Auflage 2001, S. 76–79)

25. Welche Krone trägt Jesus?

(Palmsonntag / Christkönig)

Vorbereiten: Eine Dornenkrone und eine Königskrone. Jedes Kind bringt einen Palmzweig oder einen selbst gebastelten Palmstock mit. Verschiedene Symbole, die mit doppeltem Klettband an die entsprechende Krone geheftet werden (siehe Text); ein schöner Sessel.

♫ **Liedruf:** Die Erde ist schön (Tr 774)
oder: Jesus zieht in Jerusalem ein (U 54)

Aber manchmal ist die Erde nicht schön, zum Beispiel wenn wir heute daran denken, wie die Menschen damals dem König Jesus Christus „Hosianna" zugerufen haben und wenig später „Kreuzige ihn!"
Was für ein König ist denn Jesus? Hier seht ihr zwei Kronen: Eine Königskrone und eine Dornenkrone *(zeigen!)* Welche Krone war für Jesus gedacht? (die Dornenkrone)
Ich nenne und zeige euch jetzt Dinge und ihr sollt herausfinden, zu wessen Krone das passt. Dann kleben wir es an der entsprechenden Krone fest!

- Dieses Bild zeigt ein prunkvolles Schloss *(Schloss auf Königskrone kleben)*;
- Hier ein einfaches Haus aus Lehm und Steinen *(Haus auf Dornenkrone)*;
- Hier zeige ich euch ein kostbares Gewand ...;
- Das hier sind einfache Sandalen ...;
- Hier wäscht einer dem anderen die Füße ...;
- Auf diesem Bild ist einer von vielen Dienern und Leibwächtern umgeben ...;
- Hier ein goldenes Zepter zum Herrschen ...;
- Hier eine Schuhbürste zum Dienen ...;
- Hier reitet einer auf einem Esel ...;
- Ich sehe eine prächtige Kutsche, die von vielen Pferden gezogen wird ...;
- Schaut mal, ein riesiges Büffet mit besten Speisen und Getränken ...;
- Auf diesem Bild ein gebrochenes Brot und ein Glas Wasser ...;

(Jetzt wird die Königskrone auf einen schönen Sessel gelegt, die Dornenkrone mit den entsprechenden Bildern vor das Kreuz.)

So einer ist Jesus. Wer hinter ihm hergehen will, wer sein Freund werden will, weiß, was auf ihn wartet.
Jetzt folgt die Verehrung mit den Palmzweigen durch die Kinder, wenn möglich auch als Prozession. Texte werden gesprochen, die sich abwechseln mit dem
♫ **Ruf:** Hosanna-Ruf (Lieder C, Nr. 7)

Der Zug endet vor einem Kreuz.

♫ **Lied:** Ihr Freunde lasst euch sagen (T.: R. Krenzer; M.: L. Edelkötter, Impulse-Musikverlag, Drensteinfurt)

(Zu dem behandelten Thema gibt es auch ein Lied von F. Kett: „Welch eine Krone trägt unser Herr ...", RPA-Verlag, Gaußstr. 8, 84030 Landshut.)

(Nach einer Idee von Maria Piepmeyer und Rita Stoffels, D-52538 Höngen)

26. Jesus lädt zum (letzten) Mahl
(Gründonnerstag)

Vorbereiten: Ein großes, rundes Tischtuch; ein Fladenbrot; 12 Becher; Kelch / Krug mit Traubensaft.

♫ **Liedruf:** Gott liebt die Kinder, Refrain (Tr 407)

L. *(breitet das Tischtuch in der Mitte aus)*: Das Tischtuch soll an ein besonderes Essen erinnern, ein Abendessen. Jesus feierte es als letztes Mahl vor seinem Tod. Seine Jünger deckten den Tisch mit Brot *(Fladenbrot darauf legen)* und Wein *(Kelch/Krug oder großen Becher mit Traubensaft hinstellen und 12 kleinere Becher)*.
Die zwölf Jünger nahmen Platz *(12 Kinder können sich rund um den „Tisch" hocken)*. Dann setzte sich Jesus dazu *(die brennende Jesuskerze wird hingestellt)*. Und Jesus sagte: „Immer wenn wir zusammen gegessen haben, war es besonders schön. Wie bei euch zu Hause, wenn ihr beim Essen spürt, wie schön es ist, mit anderen zusammen zu sein. Wenn ich nicht mehr sichtbar bei euch bin, dann macht es genauso!"

Dann nahm Jesus das Brot *(L. tut es)*, teilte es, reichte jedem davon ein Stück und sagte: „Ich schenke euch Brot zum Leben. Ich selbst bin das Brot des Lebens. Nehmt und esst davon!" *(essen!)*
Mitten beim Essen nahm Jesus auch den Becher / Kelch mit Wein *(L. tut es)* und sagte: „Trinkt auch von diesem Wein. Er soll euch daran erinnern, dass ich eng mit euch verbunden bin. Ich schließe einen Bund mit euch, ich verspreche euch: Ich lasse euch nie allein!" *(L. geht und gießt Traubensaft in jeden Becher.)*
Sagt es weiter: Immer, wenn wir so miteinander essen und trinken, tun wir das, was Jesus uns aufgetragen hat.
♫ **Liedruf:** Eine freudige Nachricht (Lieder C, Nr. 1)

(Wenn es die Zeit erlaubt, dürfen jetzt 12 andere Kinder die Sitze einnehmen und den Ablauf wiederholen. Diejenigen, die warten, schauen zu; die fertig sind, können aus bereitgelegtem Legematerial ein großes Herz oder ein Kreuz legen.)

27. Jesus geht den Kreuzweg

(um Karfreitag)

Vorbereiten: Jesuskerze und ein paar rote Dornen aus früheren Osterkerzen (KüsterIn / MesnerIn fragen!); ein schwarzes Tuch, drei Blumen, ein mit dicker Schnur angedeutetes Stück Weg, an dessen Ende ein Kreuz steht oder liegt.

♫ **Lied zu Beginn:** Halte zu mir, guter Gott (U 39)

L. *(stellt die brennende Jesuskerze an den Anfang des mit Seilchen ausgewiesenen Weges)*:
Der Weg, den Jesus bis ans Kreuz gehen musste, war nicht leicht *(bei den folgenden Aufzählungen die roten Dornen über die Jesuskerze verteilt eindrücken; also nicht auf die üblichen Stellen der Osterkerze, dabei noch einen Dorn aufbewahren)*.
Sie haben Jesus gefangen genommen, geschlagen, bespuckt, ausgelacht, ihm eine Dornenkrone auf den Kopf gesetzt und ein schweres Kreuz auf die Schulter gelegt.

So ging Jesus seinen Weg *(Kerze etwas weiterrücken)*. Aber es gab auch welche, die ihn auf diesem Weg getröstet haben:

Seine Mutter Maria hat ihre Hand auf seine Hand gelegt und gesagt: „Ich bin bei dir, Jesus!“ *(Blume hinlegen; dann Kerze weiterrücken).*
Ein Mann hat ihm geholfen – Simon hieß er und kam aus dem Dorf Cyrene; er hat das schwere Kreuz mitgetragen *(Blume hinlegen, Kerze weiterrücken).*
Dann war da noch ein junges Mädchen – Veronika hieß es; Veronika hat Jesus ein Tuch gereicht, damit er Schweiß und Blut von seinem Gesicht abwischen konnte *(Blume hinlegen; weiterrücken).*
Dann kam Jesus auf dem Berg an *(Kerze neben das Kreuz stellen).*
Hier haben sie Jesus ans Kreuz gehängt.

♫ **Lied:** Ihr Freunde, lasst euch sagen (T.: R. Krenzer; M.: L. Edelkötter, Impulse-Musikverlag, Drensteinfurt)

Dann haben sie ihn getötet *(letzten roten Dorn in die Kerze drücken. Nach einer Stille die Kerze ausblasen und hinlegen).*
L. hebt das Kreuz in die Höhe, schaut es lange an und sagt dann: „Danke, Jesus.“ Er geht mit dem Kreuz herum und jedes Kind, das möchte, kann es in die Hände nehmen und danke sagen. Bei diesem Rundgang auf Stille achten! Dann wird das Kreuz wieder neben die Kerze gelegt und mit einem schwarzen Tuch zugedeckt.
Um den Augenblicken das Düstere zu nehmen, können die drei Blumen aufgehoben und auf das schwarze Tuch gelegt werden.

♫ **Lied:** Liebte Gott, der Herr uns nicht, Str. 3 u. 4 (Tr 4)

(Nach einer Idee von Sabine Laube und Vorbereitungsteam, Blodenberg 14, D-24644 Timmaspe)

28. „Auferstehen“ wie die Auferstehungsblume

(Ostern)

Vorbereiten: Großes Tuch, Kreuz, Jesuskerze, schwarzes Tuch, Glasschale; eine „Rose von Jericho“ (= Wüstenpflanze, die Sie auch als „Auferstehungsblume“ in größeren Gärtnereien für 2 bis 4€ erwerben können, wie z.B. in D-56653 Maria Laach); heißes Wasser in einer Thermosflasche; ein Fladenbrot.

♫ **Lied zu Beginn:** Freut euch alle (Lieder C, Nr 3)
oder: Zu Ostern in Jerusalem (Lieder C, Nr. 9)

L. *(legt das große Tuch in die Mitte, darauf das Kreuz und die Jesuskerze legen)*: Jesus hatte Freunde und Feinde. Die Feinde haben dafür gesorgt, dass Jesus zum Tode verurteilt wurde. Darum lege ich das Kreuz und die Jesuskerze auf das große Tuch, beide Zeichen für Jesus. Wisst ihr noch etwas davon, wie Jesus gestorben ist? *(Kinder erzählen lassen – nun das schwarze Tuch darüber legen.)*
Jesus hat oft zu seinen Jüngern gesagt: Ich werde wie ein Samenkorn in die Erde gelegt. Zunächst sieht es so aus, als wäre alles zu Ende. Aber ich werde auferstehen und leben. Und auch ihr werdet neu leben, wenn ihr einmal gestorben seid.

♫ **Liedruf:** Alle-, Alleluja, nur Refrain (Tr 1085)

Darum nehme ich das schwarze Tuch fort, stelle die Jesuskerze auf und zünde sie an, um damit zu sagen: Jesus lebt.
Ich habe euch heute eine Pflanze mitgebracht. Seht mal, sie erscheint wie tot, in sich verkrümmt, vertrocknet. So kann sie unendlich lang ohne Wasser in der Wüste leben und ist doch nicht tot. (In Pharaonengräbern hat sie 4000 Jahre Trockenheit überstanden – das sei aber nur dem Leser/der Leserin gesagt.) Ihr glaubt es vielleicht nicht, weil sie sich ja auch vertrocknet anfühlt, aber sie lebt! Darum hat sie den Namen „Auferstehungsblume". Ich zeige euch, wie sie „aufersteht". *(L. legt die „Rose" in die Glasschale und gießt heißes Wasser darüber.)*
Jetzt müssen wir nur etwas Geduld haben, dann könnt ihr sehen, wie sie sich langsam bewegt und aufgeht und grüner wird. Sie ist uns ein Zeichen dafür, wie aus Totem Lebendiges werden kann. Wie beim Samenkorn. Wie bei Jesus.
(Die Kinder beobachten gespannt die Rose. Auch am nächsten Tag schauen sie sofort nach, ob die Rose sich noch weiter geöffnet hat. NB: Bei nur lauwarmem Wasser dauert es bis zu zwei Stunden, ehe sie ganz aufgeht.)
Wir singen Lieder oder teilen und essen Brot, um uns an Jesus zu erinnern.

♫ **Lied zum Abschluss:** Guter Gott, danke schön (Tr 413)
oder: Wir singen alle Hallelu … (U 98)

Die „Rose" verbleibt eine Zeit lang in der Gruppe. Nach einer Woche sollte ihr aber wieder eine Trockenphase gegönnt werden – sie ist halt eine Wüstenpflanze!

(Nach einer Idee von Carmen Braunwarth, D-97877 Wertheim)

29. Auferstehen zu neuem Leben

(Ostern; Joh 12,24)

Vorbereiten: Ein graubraunes, großes Tuch oder eine Decke; eine Blumenzwiebel, die Osterkerze, ein schwarzes Tuch.

♫ **Lied zu Beginn:** Pass auf, kleines Auge (Lieder C, Nr. 7)
oder: Zu Ostern in Jerusalem (Lieder C, Nr. 9)

L. legt das graubraune Tuch in die Mitte, dann legt er die Blumenzwiebel auf das Tuch und zieht es von allen Seiten so über die Zwiebel, dass sie wie in der Erde liegt. (Kinder erzählen lassen, was mit der Zwiebel geschieht: sie wächst und blüht auf.)
Wer von euch möchte denn einmal „Blumenzwiebel" spielen und sich unter das Tuch legen? *(Kind legt sich unter das Tuch, wächst jetzt ganz langsam hoch und spreizt die Arme, sodass die „Erde" abfällt.)*
So war das auch mit Jesus. *(L. zeigt die Osterkerze und erklärt die Wunden = Jesus hatte auch Feinde, die ihn getötet haben.)* Dann wurde Jesus ins Grab gelegt *(L. legt die Osterkerze hin und das schwarze Tuch darüber).*

Jesus hat einmal gesagt: „Wenn das Weizenkorn nicht in die Erde fällt und stirbt (= sich verwandelt), bleibt es allein. Wenn es sich aber verwandelt, bringt es reiche Frucht" (Joh 12,24). So ist Jesus wie ein Samenkorn, wie die Blumenzwiebel, neu auferstanden. In der Osternacht haben wir diese Jesuskerze darum entzündet und gesungen: „Jesus, das Licht." Und alle haben geantwortet: „Dank sei Gott."
Wir legen uns alle einmal wie eine Blumenzwiebel in die Erde, wachsen langsam wieder hoch und strecken uns dem Himmel entgegen.

♫ **Liedruf:** Alle-, Alleluja, nur Refrain (Tr 1085)

Gott will, dass alles lebt. Das hat er an der Blumenzwiebel gezeigt und an Jesus. Das wird er auch einmal an uns zeigen!
♫ **Lied:** Ja wenn der Herr einst wiederkommt (Tr 429)
oder: Wir singen alle Hallelu … (U 98)

Abschluss
Bild oben vergrößern und gerollt zum Ausmalen mitgeben.

30. Wie ein Kuss von Gott
(Ostern/Taufe)

Vorbereiten: Die Handpuppe „Rabe Jakob" (siehe S. 13) Taufschale, Krug mit Wasser, Handtüchlein …, Chrisam, Taufkerze, Taufkleid. Falls gebastelt wird, s.u.

♫ **Lied zu Beginn:** Gott liebt die Kinder (Tr 407)

Spiel

L. *(kontrolliert Taufschale und Wasserkrug; spricht zu sich selbst)*: So, mal sehen, ob alles da ist. Wasser habe ich; es ist schön warm; die Schale ist da …

J. *(flattert dazu)*: Hallo, N.N., was machst du da? *(sieht das Wasser)* He, du willst mich doch nicht etwa waschen? Ich mag kein Wasser!

L.: Nein, das Wasser ist nicht für dich. Ich will auch niemanden waschen. Wir taufen gleich Kinder.

J.: Taufen? Was ist das denn?

L.: Ich gieße den Kindern etwas Wasser über den Kopf. Das ist wie ein Kuss von Gott. Damit sagt Gott, dass er die Kinder lieb hat. Das ist so, als ob deine Mutter oder dein Vater dir einen Kuss gibt. *(Hier die Eltern auffordern, ihre Kinder zu küssen)* Dann weißt du auch, dass sie dich gerne haben und auf dich Acht geben.

J. *(schaut in den Krug)*: Da ist aber viel Wasser drin. Das wird ein ganz schön nasser Kuss von Gott!

L.: Ich nehme ja auch nicht alles Wasser, nur ein bisschen … (Vielleicht hilft ein Kind, Wasser in die Taufschale einzugießen.)

J. *(entdeckt den oder die Täuflinge)*: O wie süß! Die sind ja noch ganz klein! *(fragt die Eltern)* Wie heißen die denn? *(Eltern sagen Namen)*

J.: Und du glaubst, dass Gott die Michelle, den Jens, die Monique und die Laura so lieb hat, dass er sie küssen will?

L.: Ja, das glaub ich. Dazu erzähle ich euch eine Geschichte von Jesus, wie er die Kinder geküsst hat: Freie Erzählung von Mk 10,13–16: Jesus nahm die Kinder in seine Arme …

Jetzt singen wir für die Kinder ein Lied.

♫ **Lied:** Gott hält die/den N.N. in seiner Hand … (Tr 974)
(Namen der Täuflinge einfügen, oder wenn nur ein Kind getauft wird, die Namen anderer Kinder.)

Fragen an Eltern und Paten

(Eventuell) Kinder-Glaubensbekenntnis
(von einem größeren Kind vorlesen lassen)
Gott, wir glauben an dich.
Du bist Licht und Quelle und Vater und Mutter.
Jesus, wir glauben an dich.
Du bist unser Bruder.
Geist Gottes, wir glauben an dich.
Du bist Atem und Wind und Leben.

Taufe mit einfachen Hinweisen bei den symbolischen Handlungen.

Basteln: Wassertropfen aus Pappe werden an alle ausgeteilt, Kinder bemalen sie, Eltern schreiben gute Wünsche für die Täuflinge darauf.

♫ **Lied:** Freut euch alle (Lieder C, Nr. 3)

Schlusskreis
Gebet, in dem die Wünsche von den „Tropfen" vorgelesen werden. Die Taufeltern erhalten die Wunschtropfen als Erinnerung; für jedes Kind eventuell einen Tropfen aus Glas.

(Anke Krauß, Köln, und Annette Tschakert, Bergheim)

31. Wir spielen Taufe
(Ostern)

Vorbemerkung: Kinder sollen ruhig „Messe" und „Taufe" spielen, um das Sakrale für sich zu erschließen. Doch weil viele Jungen keine Puppe besitzen, sondern ihren Teddybären bringen, kann es auch ein zentrales Sakrament banalisieren; Taufe ist halt mehr als ein Spiel mit Wasser und Plüschtieren, sondern Gottes Wirken an uns Menschen.
Ich würde diese Feier also eher ohne Eltern im Kindergarten vorschlagen; Kinder denken ganzheitlicher. (Anlass für diese Feier war ein Kind, das beim Kirchenbesuch seine Puppe mitbrachte, die es gerne getauft haben wollte – obwohl es selbst noch nicht getauft war!)

Vorbereiten:
1. Durch Aushang werden am Vortag die Eltern gebeten, die Kinder ihre Puppe mitbringen zu lassen.
2. Taufschale und Krug mit Wasser; großes, grünes oder blaues Tuch; ein größeres Kreuz und das Taufkleid der Pfarrei oder ein großes, weißes Kleid; Handtuch.

Hinweis: Kinder, die ihre Puppe vergessen haben, wechseln sich im Halten der Taufschale und beim Abtrocknen der Köpfchen ab.

♫ **Lied zu Beginn:** Die Erde ist schön (Tr 774)
oder: Gottes Liebe ist wie die Sonne (U 33, Tr 5)

Den Kindern werden alle Gegenstände gezeigt, die L. mitgebracht hat. Dann breitet L. das große, grüne oder blaue Tuch in der Mitte aus und legt das Kreuz darauf.

L.: Ich möchte euch zeigen, wie das damals war, als du getauft wurdest. Dein Papa oder/und deine Mama wollten, dass du ganz zu Jesus gehörst. Zuerst wurden sie gefragt: Möchten Sie, dass Ihr Kind getauft wird? Wenn sie darauf Ja sagten, haben sie dir nach dem Priester oder Diakon ein Kreuz auf die Stirn gezeichnet. Wer also möchte, dass seine Puppe (oder sein Teddybär) ganz zu Jesus gehören soll, der malt ihm jetzt ein Kreuz auf die Stirn. Und weil ihr getauft seid, zeichnet auch eurem Nachbarn ganz vorsichtig ein Kreuz auf die Stirn …; jetzt nach der anderen Seite, auch mir …
Das Kreuz ist uns ganz wichtig, denn *(mit Gestik in Richtung des Kreuzes in der Mitte)*:
♫ **Liedruf:** Er rettet dich, er rettet mich … (Tr 442)

Jetzt braucht L. Helfer, die diese Taufschale halten und gleich das Köpfchen abtrocknen …
Wer hat seinem „Kind" schon einen Namen gegeben? – Dann komm her!
Siehst du, ich gieße das Wasser über das Köpfchen und sage: Jana, ich taufe dich im Namen des Vaters und des Sohnes und des Heiligen Geistes.
Das Köpfchen wird abgetrocknet und die Puppe neben das Kreuz auf das Tuch in der Mitte gelegt; es soll ja jetzt zu Jesus gehören.
Alle, die möchten, kommen jetzt nacheinander zu mir. „Ja, auch dein ‚Kind' soll ganz zu Jesus gehören: Lisa, ich taufe dich …"

Zum Schluss breitet L. ein großes, weißes Taufkleid über den Puppen- und Teddyberg, der mittlerweile das Kreuz zugedeckt hat: Sie sollen alle zu Jesus gehören.
♫ **Lied:** Freut euch alle (Lieder C, Nr. 3),
darin: Jesus liebt die Kinder … *und* Jesus ist euer Bruder …
L.: Jetzt bin ich gespannt, ob ihr eure Puppe wieder findet und in die Arme nehmen könnt! (Das klappt ja wunderbar …)

Nachbemerkung:
In dieser Abfolge dauerte die Gruppeneinheit nicht länger als sonst, also ca. 15 Minuten. Die reiche Symbolik einer Taufe verführt in der Regel zur Überlänge und Überforderung der Kinder. Denkbar sind Erweiterungen:

1. Jesus hat den Kindern die Hände aufgelegt; legt ihr sie eurer Puppe auf!
♫ **Lied:** Halte zu mir, guter Gott (U 39)

2. Eine Taufkerze zeigen, auf ihr Wassersymbol und das Kreuz hinweisen und sie an der Jesuskerze entzünden.
♫ **Lied:** Gottes Liebe ist so wunderbar (U 32)
oder: Es werde Licht (Lieder C, Nr. 2)

32. Taufe eines Kindergartenkindes

(Taufe / Ostern)

Hinweise:

1. Diese Anschauung empfiehlt sich bis zur Taufe eines Kommunionkindes.
2. Mut zur Lücke: Entscheiden Sie bitte selbst, ob Sie mit Katechumenenöl salben, die Kinder ihre Taufkerzen mitbringen lassen usw.; bedenken Sie jedenfalls: Weniger ist mehr.

Vorbereiten: Ein Krug mit Wasser, der in einer Taufschale (= Taufbrunnen) steht; sie wird aus Sichtgründen in ein blaues Tuch auf den Boden gestellt; Taufkleid, Oster- und Taufkerze.
Mit einem dicken roten Wollfaden ist der Umriss eines großen Fisches gelegt. Ein schwarzer Fisch (ca. 10 cm groß); ein Jesusbild. Die Kinder, auch der Täufling, bringen einen ca. 10 cm großen, bunt gemalten, ausgeschnittenen Fisch mit; ein paar Ersatzfische für alle, die ihn vergessen haben.

♫ **Lied zu Beginn:** Einfach Spitze, dass du da bist (Tr 1048)

L. bittet die Kinder (nicht den Täufling), ihren mitgebrachten Fisch in die Umrisse des großen Fisches zu legen. L. erzählt mit eigenen Worten die Geschichte von Swimmy, einem kleinen, schwarzen Fisch, der erkannt hat, dass die kleinen Fische alle von den großen gefressen werden. Er regt an und erreicht es, dass sie sich zusammenschließen und als Schwarm den Umriss eines Riesenfisches annehmen, damit die Großen Reißaus nehmen. Swimmy spielt das wachsame Auge dieses großen Fisches und gibt die Anweisungen.
(L. legt „Swimmy“ als Auge.)
So ähnlich möchte das auch Jesus: Zusammen sind wir stark. Alle,

die getauft sind, gehören schon zu Jesus. Jesus ist unser Auge, das wachsam ist und den Weg durch das Meer kennt. *(L. legt ein Jesusbild auf Swimmy.)*
Heute möchten wir N.N. in diesen großen Schwarm, in die Gemeinschaft der Kirche, aufnehmen.

Taufritus
Fragen an Eltern und Paten – Kreuz auf die Stirn – Handauflegung – Fürbitten und gute Wünsche von allen an das Kind – kindgemäßes Glaubensbekenntnis (siehe Nr. 30 in diesem Buch) – Segnung des Wassers – Taufe.
♫ **Lied:** Gottes Liebe ist so wunderbar (U 32)

Der Täufling legt seinen Fisch in den Jesus-Fisch. Die Taufschale wird rundgetragen und jeder, der möchte, taucht seine Finger hinein und macht sich mit dem Taufwasser ein Kreuz auf die Stirn, um sich an die eigene Taufe zu erinnern.
Überstreifen des weißen Kleides – Entzünden der Taufkerze an der Osterkerze – Beten zu Gott im Vaterunser mit Händen, die zum Kreis miteinander verbunden sind – Segen über Eltern und Paten und alle Anwesenden.
♫ **Lied:** Freut euch alle (Lieder C, Nr. 3)
oder: Nun danket all (GL 267, eg 322)

Geschenk an den Täufling: Einen besonderen Fisch(?); von jedem eine Blume(?).

Zum Ausmalen erhält jedes Kind zusammengerollt ein DIN A4-Blatt mit dem Swimmy- oder Jesus-Fisch.

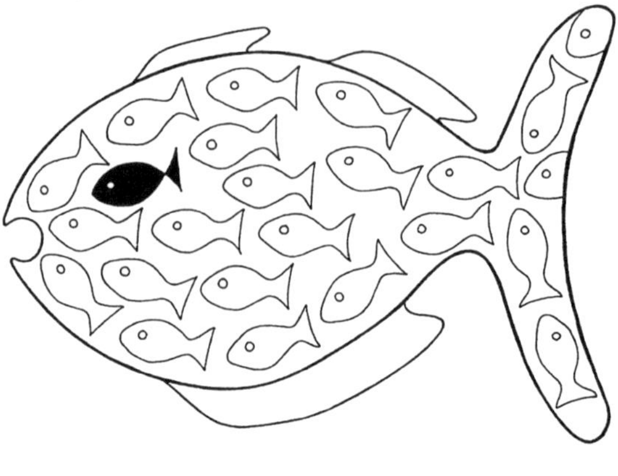

33. Die Emmausjünger

(Jesus-Geschichte/Ostern – Lk 24,13–35)

Vorbereiten: Es werden fünf Tücher benötigt, deren Größe sich nach dem Raum und der Anzahl der Teilnehmenden bemisst. Jesuskerze; Fladenbrot(e).

♫ **Lied zu Beginn:** Freut euch alle (Lieder C, Nr. 3)
oder: Gott liebt die Kinder (Tr 407)

Ich möchte euch eine Ostergeschichte erzählen *(ein großes, graubraunes Tuch als Unterlage in der Mitte ausbreiten).*
Einmal waren zwei Jünger von Jesus unterwegs *(zwei gelbe Tücher von 10x10 bis 20x20 cm nebeneinander legen).* Sie sagten: „Wie sehr haben wir uns gefreut, als Jesus in Jerusalem eingezogen ist! Alle haben gejubelt und gedacht: Jetzt geht's endlich los mit dem König Jesus. Aber was ist geschehen? Sie haben Jesus gefangen genommen, ans Kreuz geschlagen und getötet. Das ist schon drei Tage her! Wir sind ganz traurig" *(das schwarze Tuch fast ganz über die beiden gelben Tücher legen).*
Sie erzählten weiter: „Eine Frau hat zwar gesagt, sie habe Jesus schon wieder gesehen, aber wer weiß, was die gesehen hat! Gott hat uns im Stich gelassen."
Auf einmal kam Jesus hinzu. Die beiden Jünger aber erkannten ihn nicht *(eine brennende Kerze zwischen die beiden gelben Tücher auf das schwarze Tuch stellen).*
Jesus erzählte: Ihr müsst genauer im Heiligen Buch lesen!
(Nur falls den Kindern bekannt: Als Joseph von seinen Brüdern in den Brunnen geworfen und verkauft wurde, da schien er auch von Gott verlassen zu sein. Aber er wurde später fast ein König und rettete all seine Brüder. *Oder:*)
Beobachtet ein Samenkorn, das in die Erde gelegt wird: Zuerst sieht es aus, als würde es sterben. Aber es verwandelt sich, um dann neu emporzuwachsen. So musste auch Jesus leiden und sterben. Aber das war nicht alles!
Die beiden Jünger spürten, wie es ihnen warm ums Herz wurde. Sie hatten wieder Hoffnung *(L. legt ein grünes Tuch der Hoffnung vor die Jesuskerze, ein Stück über das schwarze Tuch; die Jünger-Tücher darauf legen, auch die Jesuskerze dazustellen).*
Als sie in ihrem Dorf angekommen waren, sagte der eine Jünger: „Ach, bleib doch bei uns. Gleich ist es dunkel. Komm, iss noch mit

uns!" Da bereiteten sie den Tisch *(L. legt ein weißes Tuch auf und darauf einen Brotfladen oder ein süßes Brötchen).*
Jesus nahm das Brot *(L. tut es)* und brach es auseinander. Und wie er das Brot auseinander brach, daran erkannten sie auf einmal Jesus. „Das ist doch Jesus!", so sagten sie zueinander.
So ähnlich erkennt deine Mutter auch an den Geräuschen von draußen: „Ja, da kommt der Vater!" Oder so wie du schellst, weiß die Mutter: „Das ist mein Simon – und nicht die Anna." So erkannten die Jünger Jesus daran, wie er das Brot brach.
Da gingen ihnen die Augen auf und sie erkannten Jesus. Da wussten sie, die Frau hatte doch Recht: Jesus lebt. Er ist auferstanden. Und auch wir werden auferstehen. Da sangen sie vor Freude und sagten es später auch den anderen:
♫ **Liedruf:** Alle-, Alleluja (Tr 1085)

Immer, wenn die Jünger später das Brot brachen, haben sie an Jesus gedacht. Und Jesus hatte ja auch gesagt: „Brecht das Brot, um an mich zu denken!"
Auch wir wollen jetzt das Brot brechen und dabei an Jesus denken *(L. bricht das gebrochene Brot in vier Teile und gibt es vier Kindern, die es weiter teilen sollen. Dann wird gemeinsam gegessen.)*

Abschlusslied: Sagt es allen weiter!:
Eine freudige Nachricht (Lieder C, Nr. 1)

Die Kinder helfen beim Einpacken: Wer gibt mir das traurige, das schwarze Tuch in den Korb? Wer die Jesuskerze? Usw.

(Das Mahl kann durch Becher mit Traubensaft erweitert werden.)

34. Ich bin bei euch alle Tage
(Christi Himmelfahrt – Mt 28,16–20; Apg 1,9)

Vorbereiten: Stellwand mit großem (gezeichneten?) Christusbild, z.B. ein Bild aus der Kinderbibel von Kees de Kort, Docete Stiftung, Hilversum, per Overhead auf ein großes Papier projizieren und nachzeichnen; eine selbstklebende, durchsichtige Folie, die über das gesamte Christusbild passt, ist mit der Klebeseite *nach außen* darüber geheftet; eine große Sonne und eine große Wolke. Für die Kinder kleine Wattebäusche in großer Anzahl.

♫ **Lied zu Beginn:** Freut euch alle (Lieder C, Nr. 3)

Nachdem Jesus an Ostern von den Toten auferstanden war, bedeutete es für die Jünger jedes Mal eine große Freude, wenn sie ihn sahen. Er war für sie wie eine Sonne. *(L. legt Sonne in die Mitte.)* Wenn sie dann Jesus nicht mehr sahen, war das wie eine kalte Wolke, die ihnen die Sonne verdeckte. *(L. legt Wolke über die Sonne.)* Auch wenn Jesus dann unsichtbar war, war er aber immer noch da, so wie jetzt die Sonne immer noch da ist. *(L. hebt die Wolke und zeigt die Sonne.)*

♫ **Lied:** Jesu (statt Gottes) Liebe ist wie die Sonne; sie ist immer und überall da; besonders die 3. Strophe: Mag auch manche Wolke zwischen dir und Jesu Liebe stehn (U 33, Tr 5)

Einmal rief Jesus all seine Jünger auf einen Berg, um endgültig von ihnen Abschied zu nehmen. Er sagte: „Geht zu allen Völkern auf der Erde und tauft sie auf den Namen des Vaters und des Sohnes und des Heiligen Geistes. Und denkt daran, auch wenn ihr mich nicht mehr seht: Ich bin bei euch alle Tage bis zum Ende der Welt." Da war es ihnen, als ob eine Wolke vor ihren Augen Jesus unsichtbar macht (vgl. Apg 1,9).

Ich lade euch ein, diese Wolke einmal nachzumachen. Ihr seht hier ein Bild von Jesus. Wer will, nimmt sich ein Wattebäuschchen und legt es auf das Jesusbild. Es bleibt kleben *(vormachen)*. Wenn ihr mitmacht, entsteht jetzt zwischen uns und Jesus diese Wolke, bis wir ihn nicht mehr sehen
(Kinder bedecken die Folie mit Wattebäuschen, bis das Jesusbild nicht mehr zu sehen ist.)
Seht ihr: Jetzt ist Jesus hinter der Wolke unsichtbar. Aber wir

wissen, er ist immer noch da. Darum brauchen wir auch nicht traurig zu sein, wenn wir ihn nicht mehr sehen. Wir dürfen vielmehr singen:

♫ **Lied:** Kommt, sagt es allen Leuten, helft, dass es auch die Blinden sehen …, besonders die 6. Strophe: Er ist jetzt verborgen, du kannst ihn noch nicht (nicht mehr) sehen … (Tr 439)
oder: Immer auf Gott zu vertrauen (Tr 437)

Abschluss

Jeder bekommt ein kleines Christusbild.

(Nach dem Bericht von Margarete Vogt, Düsseldorf, über einen Gottesdienst in St. Josef, D-41462 Neuss)

35. Gottes Geist – wie ein Sturm

(Pfingsten, auch Ostern / Christi Himmelfahrt)

Vorbereiten: Große Sonne; schwarzes Seidentuch; für jedes Kind einen Sonnenstrahl.

♫ **Liedruf:** Freut euch alle (Lieder C, Nr. 3)

L. *(legt eine große Sonne in die Mitte)*: Als Jesus an Ostern auferstand, war das für die Jünger wie eine helle Sonne, die aufgegangen ist.
Als Jesus dann Abschied nahm, er wieder ganz zu seinem Vater zurückkehren wollte – das feiern wir am Fest Christi Himmelfahrt –, fühlten sich die Jünger alleine gelassen. Jesus war ja nicht mehr da. *(L. legt das schwarze Tuch über die Sonne; es darf ruhig noch ein wenig Sonne herausschauen.)* Die Jünger waren traurig und schlossen sich ein. Sie hatten Angst.
An Pfingsten kam der Heilige Geist wie ein Sturm und fegte das Dunkle und die Angst fort.
Jetzt brauche ich ein paar Kinder, die sich hinknien und das schwarze Tuch von der Sonne wegpusten! *(Wenn sich das als zu schwer erweist, hilft L. mit.)*
Jetzt war die Sonne wieder da und die Jünger wussten: Jesus lebt bei Gott. Aber er ist immer für uns da, auch wenn wir ihn nicht sehen. Die Jünger gingen in alle Welt hinaus und erzählten allen Menschen, dass Jesus lebt und alle Menschen liebt.

♫ **Lied:** Eine freudige Nachricht breitet sich aus (Lieder C, Nr. 1)

Jesus braucht auch uns dabei. *(Jedes Kind bekommt einen Sonnenstrahl und legt ihn an die Sonne.)*
♫ **Lied:** Jesu (statt Gottes) Liebe ist wie die Sonne (U 33, Tr 5)

Abschluss
Die Kinder dürfen ihren Sonnenstrahl (oder einen kleineren) mit nach Hause nehmen.

(Nach Susanne Scheidt/Marion Vieth [Hg.], Wir feiern Kinderkirche. 25 Gottesdienste für Kinder bis 6, Matthias-Grünewald-Verlag, Mainz 1999)

36. Wenn Gottes Wind weht

(Pfingsten)

Vorbereiten: Die Handpuppe „Rabe Jakob" (s. Seite 13); eventuell Seidentücher, Watte, Federn, Handtrommel. Material zum anschließenden Basteln: siehe unten.

♫ **Lied zu Beginn:** Halte zu mir, guter Gott (U 39)

Spiel
(Jakob kommt ganz schlapp angeflattert.)
L.: Hallo, Jakob!
J.: Hm.
L.: Also, Jakob, was ist? Schlechte Laune?
J.: Ach, lass mich doch in Ruhe!
L.: Aber Jakob, so kenn ich dich ja gar nicht. Was ist denn passiert?
J.: Ich weiß es nicht; ich habe heute keine Lust zu spielen; keine Lust zu lachen; nicht mal Lust zu fressen. Ich habe zu gar nichts Lust.
L.: Warum denn?
J.: Weiß nicht.
L.: Wirklich nicht?
J.: *(leise ins Ohr von L.)* Niemand wollte heute mit mir spielen, deshalb bin ich traurig.
L.: Oh je, ja, das ist traurig.

J.: Hm *(nickt heftig)*.

L.: Weißt du was, ich erzähle dir eine Geschichte – die Pfingstgeschichte: Da waren ein paar Freunde, die saßen auch den ganzen Tag nur noch rum und hatten zu nichts mehr Lust, weil sie traurig waren: Ihr Freund Jesus war nämlich weg. Die sagten auch immer nur „Hm".
Wenn man sie fragte: „Was wollen wir denn heute machen?", sagten sie: „Hm." – Wenn man sie fragte: „Wozu habt ihr denn jetzt Lust?", antworteten sie: „Hm." – Wenn man einen Witz erzählte, lachten sie nicht, sondern sagten nur: „Hm."
Eines Tages dachte Gott: „Ich will, dass diese Menschen wieder fröhlich sind." Darum schickte er einen Wind, einen ganz besonderen Wind, den Wind Gottes. Der kitzelte die Freunde im Nacken; das kribbelte und sie wurden ein bisschen fröhlich. Und da fing der Wind richtig an zu brausen und brauste durch die Köpfe der Freunde und pustete die ganze Traurigkeit und die schlechte Laune weg.
Die Freunde sprangen auf und hatten auf einmal tausend Ideen, was sie jetzt gerne machen wollten und schrien und lachten alle durcheinander. Sie rannten auf die Straße und erzählten allen Menschen von ihrem Freund Jesus und dass der Wind, die Kraft Gottes, sie wieder froh gemacht hat.

J.: Uih, das ist eine schöne Geschichte. N.N. glaubst du, dass so ein Wind auch zu mir kommen könnte?

L.: Ich glaube schon. Wir probieren mal, wie sich das anfühlt, wenn so ein Wind bläst *(pustet in Jakobs Nacken)*.

J.: Es wird schon ein bisschen besser.
(L. pustet in Jakobs Schnabel; der Schnabel klappt wie ein Segel auf, Jakob wird zurückgeschoben und fängt an zu lachen.)

J.: Kinder, das war toll! Wollt ihr es auch mal probieren?

♫ **Lied:** Wenn der Wind weht (aus: Dieter Storck/Reinhard Horn, Feuer – Erde – Wasser – Luft. Umwelt erleben in Kindergarten und Grundschule, Don Bosco Verlag, München, 2. Aufl. 1996)

Aktion

– gegenseitig in den Nacken pusten: erfahren, wie sich das anfühlt;
– mit Tüchern Wind machen;
– Watte und Federn auf dem Boden anpusten;
– zwei Kinder drehen sich als Wolke im Wind im Kreis; dazu mit der Handtrommel akustisch Windstärke vorgeben.

♫ **Lied:** Gottes Liebe ist so wunderbar (U 32)
oder: Du, Herr, gabst uns dein festes Wort (U 16)

Eventuell basteln: Zusammen wird ein großes Mobile gebastelt mit Wolken aus Tonpapier (vorgeschnitten): Watte und Federn auf die Wolken kleben; zwei Stöcke als Kreuz binden; Wolken mit verschieden langen Fäden befestigen.

(Anke Krauß, Köln, und Annette Tschakert, Bergheim)

37. Danken für das Brot

(Erntedank)

Vorbereiten: Eine Ähre oder ein Strauß Ähren; eine Schale mit Weizenkörnern; eine Schale mit Mehl und ein Fladenbrot; ein Tuch.

♫ **Lied zu Beginn:** Du hast uns deine Welt geschenkt (U 14)

Wir betrachten die Gaben
L. *(legt die Ähre/n auf ein Tuch)*: Woher habe ich die Ähren?
Was steckt darin? *(stellt die Schale mit Körnern daneben)*: Sie sind aus den Ähren gefallen.
Was macht man damit? *(Schale mit Mehl daneben stellen)*:
Wie wird Mehl daraus? Was kann man alles damit machen?
(legt das Brot daneben): Aus Mehl wird Brot!

Wir spielen, wie aus Weizenkörnern Brot wird *(alle hocken auf dem Boden)*: Die Körner liegen still in der Erde. Die Sonne scheint. Warmer Regen fällt darauf. Langsam wächst ein kleiner Spross heraus *(Oberkörper langsam aufrichten)*. Aus dem Spross wird ein Halm *(zum Stehen kommen)*. Der Wind bewegt die Halme *(mit dem Oberkörper schwingen)*; jetzt sind die Halme groß und können geerntet werden *(Arme nach oben halten)*. –
Heute macht das eine Erntemaschine. Aber früher ging es so weiter:

- Der Bauer kommt und mäht das Korn mit der Sense,
- trägt es zur Garbe zusammen. *(Alle Kinder stellen sich eng zusammen, dann setzen sie sich.)*
- Wenn die Körner herausgedroschen sind, bringt er sie in Säcken

zur Mühle und lädt sie ab. *(L. schultert den gedachten schweren Sack; die Kinder auch.)*
- Dort werden die Körner zu Mehl gemahlen *(Mahlbewegungen mit beiden Händen durch alle Kinder)*;
- der Bäcker rührt den Teig *(rühren)* und knetet ihn *(kneten)*
- und legt ihn in den Ofen *(flimmernde Glut mit Händen nachspielen)*.
- Dann holt er das frische Brot aus dem Ofen *(das Brot noch einmal zeigen)*.

Wir danken für die Ernte:
♫ **Liedruf:** Danken, danken wollen wir … (Tr 427)
L.: Danke, dass der Bauer genug Ähren schneiden konnte! – *Liedruf*
(dabei Ähren vor das Kreuz bringen und ablegen).
L.: Danke, dass sich genügend Körner hingeben, um sich zu Mehl mahlen zu lassen. – *Liedruf (dabei beide Schalen vor das Kreuz tragen).*
L.: Danke für das Brot und den Kuchen und die Plätzchen. – *Liedruf*

Wir teilen das Brot und essen es miteinander. Jeder kann sich etwas abbrechen.
♫ **Lied:** Segne, Vater, diese Gaben …, Kanon (U 80)
oder: Fünf Brote und zwei Fische … (= teilen, wie dieser Junge; U 24)

(Nach einer Idee von Christine Willers-Vellguth)

38. Teilen lernen
(Erntedank)

Vorbereiten: Eine Collage, die Kinder aus aller Welt zeigt, darunter Früchte und Lebensmittel. Je mehr Kinder in der linken Ecke zu sehen sind, umso weniger Früchte sind abgebildet. In der rechten Ecke der Collage sind ganz wenige Kinder, aber umso mehr Früchte und Lebensmittel aufgeklebt. – Für jedes Kind einen Apfel oder eine Banane, noch in Körbchen auf zwei kleinen Tischen abgestellt.

♫ **Lied zu Beginn:** Gott liebt die Kinder (Tr 407)

L.: Gott liebt *alle* Kinder. Aber fällt euch etwas auf diesem Bild hier vorne auf? (Am Ende der Betrachtung herausarbeiten: Je weniger Kinder, umso mehr zu essen!)
So machen wir das jetzt auch! Wir teilen euch (oder einen Teil der Kinder) einmal so auf wie auf diesem Bild (also ca. 15 Kinder nach links und ca. fünf nach rechts). Doch die vielen bekommen fast keine Äpfel und Bananen hingelegt und die wenigen fast alles, was an Obst zum Austeilen da liegt.
Schaut, so geht es in der Welt zu. Was haltet ihr davon? *(Meinungen der Kinder einfangen)* Da muss sich etwas ändern!
♫ **Liedruf:** Wenn jeder teilt (Tr 196)

Aktion
Ob einige Kinder das Obst jetzt so teilen können, wie es richtig ist? (Die schaffen das!)
Ich kenne Heilige, die hätten das auch so gemacht (Martin, Nikolaus, Elisabeth)!

Evangelium
Jesus hat uns gesagt, dass wir so teilen sollen: Er will uns einmal segnen, wenn wir einem zu essen gaben, der hungrig war, und einem Durstigen zu trinken gaben. Was wir einem armen Menschen geben, das schenken wir Jesus! (Mt 25,35.40)

♫ **Lied:** Du hast uns deine Welt geschenkt (U 14)

Austeilen des Obstes.

(Nach einer Idee von Detlef Tappen, D-42871 Haan/Rhld.)

39. Brot für uns alle
(Erntedank)

Vorbereiten: Eine Ähre und (pro Gruppe) ein größeres Brötchen, im Korb verdeckt.

♫ **Lied:** Pass auf, kleines Auge (Lieder C, Nr. 7)

L. *(zeigt die Ähre)*: Seht ihr die kleinen Körner hier oben in der Ähre? Sie hocken wie Bewohner in einem Hochhaus. Ich versuche mal, mit ihnen zu sprechen:
„He, ihr da oben, ihr lebt ja wie in einem Aussichtsturm. Habt ihr keine Angst, schwindelig zu werden *(Ähre schwanken lassen)*? Befürchtet ihr nicht, der Halm könnte im Sturm abbrechen? Was sagt ihr?
‚Es ist ein tolles Gefühl! Und ihr seid es von klein an gewöhnt!?'
Aber wisst ihr auch, was geschehen wird, wenn der riesengroße Mähdrescher kommt und – ritsch, ratsch – euch alle abschneidet, euch dann so schnell rundschleudert, dass ihr aus eurer schönen Wohnung fliegt? Und ihr werdet in Säcke gepackt, in denen es ganz dunkel ist! Und dann … *(L. spricht leiser und mitleidig)* werdet ihr zwischen Steinen zermahlen zu Mehl und mit Wasser vermengt und in die Feuersglut eines Ofens gesteckt … Wie? Ihr habt keine Angst davor? *(L. geht mit dem Ohr näher an die Ähre.)* Was? Ihr freut euch, dass ihr so wichtig seid und andere durch euch leben können? Toll!"
(L. schaut die Kinder an.) Das hätte ich ja nicht gedacht, dass die Körner so an uns denken und für uns sterben wollen. *(L. legt die Ähre neben den Korb und holt das Brötchen heraus; er riecht daran und zieht genießerisch den Duft des Brötchens ein.)* Darin sind jetzt die Körner, die in den Ähren gewachsen sind. Wie die duften! *(L. schaut das Brötchen an.)* Ich glaube, ich darf dich auch teilen? Die Kinder werden sich riesig freuen, denn du schmeckst auch ausgezeichnet.
♫ **Liedruf:** Wenn jeder teilt, was er hat (Tr 196)

L. zählt aus – teilt in entsprechend viele Stücke – lässt zunächst alle auf der Hand und die Kinder daran riechen, dann schmecken. Übrigens können auch die Kinder untereinander in diesem Rahmen gut selber teilen!
Sobald alle langsam und bewusst ausgekaut haben, sagt L.:
Die Erde ist schön, solange alle Menschen so teilen wie ihr jetzt!
♫ **Liedruf:** Die Erde ist schön (Tr 774)
und/oder: Danke (nach dem Spiritual „Amen"; Tr 964)

Abschluss: Jedem ein Tütchen mit Körnern zum Säen mitgeben.

40. Auch ihr bunten Vögel, preiset den Herrn!
(Schöpfung / Hl. Franziskus)

Vorbereiten: Ein Bäumchen in einem großen Übertopf, in dem Vögel (siehe Abbildung) aus verschiedenfarbigem Tonkarton für jedes Kind hängen. Eventuell ein Bild des hl. Franziskus.

♫ **Lied zu Beginn:** Freut euch alle (Lieder C, Nr. 3)

L.: Es gibt Menschen, die passen auf, dass die Vögel geschützt werden, auch die Igel, die Bäume … und alles, was lebt. Die haben überlegt: Wir brauchen einen Heiligen, der uns daran erinnert. Er soll bei Gott darum bitten, dass die Menschen nicht noch mehr zertreten und zerstören. Sie haben nicht den St. Martin gewählt oder den hl. Nikolaus, auch nicht die hl. Elisabeth, sondern den hl. Franziskus *(evtl. ein Bild zeigen)*. Franziskus war immer ein Freund der Tiere, ja man sagt, dass er sogar mit ihnen sprach. Mit ihm singen wir:

♫ **Lied:** Gott hat die Welt so schön gemacht (Lieder C, Nr. 4)
oder: Alle singen wir (Tr 424)

Es ist lange her, dass Franziskus gelebt hat (in Assisi/Italien von 1182–1226). Er und seine Freunde sind gerne durch die Felder und Wälder gegangen, haben sich über die Sonnenstrahlen gefreut, über den Mond und die Sterne, die Bäche und Wiesen und über alles, was darin lebte.

Einmal kamen sie an einem Baum vorbei; da saßen viele Vögel drin. Die schauten Franziskus an, weil sie spürten: Der liebt uns, der tut uns nichts, der kann uns von Gott erzählen. Und Franziskus hat ihnen Folgendes gesagt:
„Liebe Vögel, ihr seid meine Geschwister! Gott hat euch ein buntes Federkleid geschenkt, auch Bäume und Sträucher, um darin ein Nest zu bauen, und er schenkt euch Bäche, um daraus zu trinken. Ihr sät nicht und erntet nicht und trotzdem braucht ihr euch um das tägliche Brot nicht zu sorgen. Darum seid dankbar und vergesst nie, den Schöpfer zu loben."
Auch wir wollen ihn loben:
♫ **Lied:** Keiner ist größer (Tr 408)
oder: Danken, danken (Tr 427)

Evangelium
Was Franziskus den Vögeln sagte, hat Jesus uns gesagt: Seht euch die Vögel des Himmels an! Sie säen nicht, sie ernten nicht und sammeln keine Vorräte. Euer himmlischer Vater ernährt sie. Darum sind auch wir dankbar und loben ihn. Denn wir sind noch viel mehr wert als alle Vögel zusammen (Mt 6,26). – Darum singen wir:
♫ **Lied:** Gottes Liebe ist so wunderbar (U 32)

Als Franziskus den Vögeln gepredigt hatte, machte er ein großes Kreuzzeichen über sie. Da flogen sie in alle vier Himmelsrichtungen auseinander, piepsten froh und lobten so Gott.

Verteilen der Vögel vom Bäumchen
L.: Nachher geht ihr mit diesen Vögeln auch in alle Himmelsrichtungen. Dabei dürfen wir zum Dank an Gott singen:
♫ **Lied:** Die Erde ist schön (Tr 774)
oder das Lied, das Franziskus selbst gedichtet hat: Laudato si (Tr 141)

(Nach einer Idee des Kindermesskreises St. Peter und Paul, D-57074 Siegen)

41. „So helft mir doch!"

(St. Martin)

Vorbereiten: Eine Martinslaterne, ein schwarzes Tuch, eine leere Schale; ein (Beutelchen) Plätzchen für jedes Kind.

Vorbemerkung: Dieser Entwurf geht davon aus, dass *wir* einmal die Bettler sind. In dieser Rolle gehen auch die Kinder im Rheinland an Sankt Martin von Tür zu Tür und singen: „Hier wohnt ein reicher Mann, der uns was geben kann." Wie oft sind Kinder angewiesen auf Zuwendung, Zärtlichkeit und Wärme, „sonst ist der bittre Frost ihr Tod". Dem Bettler begegnet in Martin ein Wesenszug Gottes.

♫ **Lied:** Lasst uns froh und munter sein; Text: Jetzt ist Martins-Abend da

L. *(nimmt die leere Schale in die Hände)*: Ich bin ein Bettler. Schaut, meine Schale ist leer. Sie wartet. Vielleicht sagt sie: „Bitte, tut doch etwas in mich hinein!" Spielt einmal alle Bettler: Ihr formt die Hände wie eine Schale. Die Schale ist leer. Ob mir einer was hineinlegt?

♫ **Liedruf:** Wenn jeder teilt, was er hat (Tr 196)

Wenn nun keiner teilt, wenn unsere Hände leer bleiben, das tut weh!
L. *(zeigt das schwarze Tuch)*: Seht mal, eine dunkle, traurige Farbe. Wisst ihr noch, wann ihr das letzte Mal traurig wart? …
L. *(setzt die Schale auf das schwarze Tuch, formt die Hände wieder zur Schale und* singt aus dem Martinslied *mit der Stimme des Bettlers)*:
„So helft mir doch in meiner Not, sonst ist der bittre Frost mein Tod!"
(Kinder wiederholen singend den Vers)
Aber die Menschen wollen es nicht sehen. Schließt einmal eure Augen! – Sie wollen es nicht hören. Verschließt einmal eure Ohren! – Die Menschen verschließen ihr Herz. Verschließt mal euer Herz und guckt ganz böse. – Der Bettler aber gibt nicht auf. Er singt noch lauter:
„So helft mir doch in meiner Not, sonst …" *(Alle wiederholen)*
Da kommt einer! *(L. nimmt die Laterne, zündet sie an und stellt sie*

neben die leere Schale.) Da kommt einer, der hat große Augen für die Not *(Kinder machen große Augen)*. Er kann ganz genau hinhören *(Geste!)*. Er hat ein weites Herz; er hat Mitleid und schaut den Bettler freundlich an *(Geste!)*.
Wer ist da gekommen? (Martin). Er sieht die Not, hört das Rufen, hat Mitleid und teilt seinen Mantel! Das singen wir jetzt:
♫ **Lied:** St. Martin, St. Martin ...

Später hat Martin sich taufen lassen. Und er hat erfahren: In jedem Menschen kann ich Jesus begegnen, besonders in denen, die krank sind, einsam und hungrig.

Aktion

1. Wir alle sind manchmal Bettler. Haltet noch einmal die Hände wie ein Bettler. Macht die Augen zu. Und während ihr die Augen geschlossen haltet, gehe ich jetzt einmal rund und spiele St. Martin. Aber wehe, du guckst! *(L. legt je ein [Beutelchen] Plätzchen in die Hand.)*
2. Wenn die Kinder ihre Laternen dabeihaben, zu Ehren des Heiligen rundziehen und Martinslieder singen.

(Nach einer Idee von Clemens Rieger, D-53804 Much)

42. Teilen wie St. Martin

(St. Martin)

Vorbereiten: Die Kinder bringen ihre Laternen mit. Ein Manteltuch ist vorbereitet, dessen zwei Teile durch Druckknöpfe zusammengehalten sind; ein Schwert, ein Martinswecken.

♫ **Lied zu Beginn:** Lasst uns froh und munter sein; Text: Jetzt ist Martins-Abend da

Gespräch und Spiel

L. bewundert die Laternen. An wen erinnern sie uns? Was hat St. Martin denn Besonderes getan? ...
Wir spielen das einmal! Wer spielt den Bettler *(legt sich in die Mitte und ruft „Hilfe!“)*?
Wer spielt den St. Martin? *(Er war Soldat; bekommt das Schwert*

in die Hand und den „Mantel" um die Schultern gelegt. Eventuell kommt er mit einem Steckenpferd angeritten.)
Dann spielen die beiden und sprechen das Nötige miteinander. Martin teilt schließlich den Mantel bzw. reißt ihn auseinander.

Wir zünden die Laternen an und singen durch den Raum ziehend oder die Laternen schwingend:
♫ **Lied:** St. Martin, St. Martin …

Evangelium
Martin hat so gehandelt, wie Jesus es gesagt hat:
„Wenn jemand hungrig ist, sollt ihr ihm zu essen geben.
Wenn jemand durstig ist, sollt ihr … *(jetzt die Kinder antworten lassen).*
Wenn jemand friert, sollt ihr …
Wenn jemand krank ist, sollt ihr …
Wenn jemand traurig ist, sollt ihr …" (nach Mt 25,35–36).

Teilen des Weckmanns: Teilen macht Freude. Dieser Weckmann stellt den hl. Martin dar. Die Pfeife darin ist übrigens eigentlich sein Bischofsstab. Denn später wurde er Bischof … Irgendwann haben die Menschen den Stab nicht mehr verstanden.

♫ **Abschlusslied:** Tragt in die Welt nun ein Licht (U 85)
(Nach einer Idee von Christine Willers-Vellguth)

43. Heilige, die teilen konnten
(Martin / Nikolaus / Elisabeth)

Vorbereiten: Drei Gegenstände oder Abbildungen, die an die Heiligen Martin (Laterne), Nikolaus (Bischofsmütze, Sack mit Gaben) und Elisabeth (Krone, Körbchen mit Rosen) erinnern. Die Gegenstände sind mit einem Tuch verdeckt.

L.: Danke, dass es genug Menschen gibt, die teilen können.
♫ **Liedruf:** Danke …, nach dem Spiritual „Amen" (Tr 964)

1. Bild oder Gegenstand zeigen, der auf St. Martin hinweist: Wir singen die 3. Strophe des Martinsliedes, weil darin das Wich-

tigste erzählt wird: „... St. Martin mit dem Schwerte teilt den halben Mantel unverweilt."

♫ **Lied:** St. Martin, St. Martin ...

2. Bild oder Gegenstand zum hl. Nikolaus: Erinnert ihr euch an die Geschichte, die davon erzählt, dass in der Stadt Myra, die am Meer lag (heutige Türkei), eine Hungersnot ausgebrochen war? Die Mütter und Väter liefen mit ihren hungernden Kindern zum Bischof Nikolaus und riefen: „Hilf uns! Bete! Sonst müssen unsere Kinder sterben!" Und Nikolaus hat mit ihnen gebetet. Immer wieder. Da erschienen auf einmal auf dem Meer Schiffe, die waren voll mit Kornsäcken. Doch der Kapitän wollte kein Korn hergeben. „Nur gegen Geld und Gold!", rief er. Da ging Nikolaus in seine große Kirche und holte alles Gold und Silber, das er finden konnte, und brachte es zum Kapitän. Der gab jetzt so viele Säcke heraus, dass alle zu essen hatten und auch noch genügend Körner übrig blieben, um sie für neues Korn und damit neues Brot in die Erde zu säen. So einer war Nikolaus! Wir singen:

♫ **Lied:** Lasst uns froh und munter sein ...
(Bald/Heut – je nach Zeitpunkt – ist Nikolausabend da!)

3. Es gibt nicht nur Männer, die gerne geteilt haben, auch Frauen. Kennt ihr diese Frau? (Elisabeth von Thüringen) Sie ist jeden Tag von der Wartburg ins Tal zu den Armen hinuntergegangen und hat ihnen frisches, gesundes Wasser gebracht und etwas zu essen. Und das, obwohl die Leute auf der Burg oft mit ihr geschimpft haben, weil die Getreidespeicher immer leerer wurden. Einmal wollte ein Verwandter von ihr unbedingt sehen, was sie in ihrem Korb hatte, der voller Brote war. Aber Gott beschützte Elisabeth vor neuem Ärger: Es waren in ihrem Korb nur Rosen zu finden. Darum wird Elisabeth oft mit einem Korb voller Rosen dargestellt.

Alle drei Heiligen haben uns vorgelebt:

♫ **Liedruf:** Wenn jeder teilt ... (Tr 196)

Martin, Nikolaus und Elisabeth haben getan, was Jesus uns aufgetragen hat, als er sagte: „Was ihr einem ganz armen oder kranken Menschen schenkt, das gebt ihr mir selbst" (Mt 25,40).

Abschluss
L. geht mit allen drei Bildern oder Gegenständen rund. Die Kinder sollen durch Hindeuten zeigen, wer ihnen am besten gefallen hat. (Ein Kind fand dabei die ideale Lösung: Alle drei sind gut!)

44. Die drei goldenen Kugeln des hl. Nikolaus
(Hl. Nikolaus)

Vorbereiten: Drei goldene, zu öffnende Kugeln, in denen ein Herz, ein schönes zusammengerolltes Pergament und ein Kreuz zu finden sind. In jeder liegt auch eine größere goldene Schokoladenkugel. Ein Tuch.

♫ **Lied zu Beginn:** Lasst uns froh und munter sein …
oder: Nikolaus, komm in unser Haus …

L.: Manchmal ist der hl. Nikolaus mit drei goldenen Kugeln dargestellt. Die habe ich mitgebracht. *(L. breitet das Tuch aus und legt die Kugeln darauf.)* Die drei goldenen Kugeln wollen an die drei Beutel mit Gold erinnern, die der hl. Nikolaus einmal drei armen Mädchen schenkte. Heute will er sie uns schenken. Mal sehen, was darin ist.
(L. lässt die erste Kugel öffnen) Die Schokoladenkugel wird kommentarlos auf das Tuch gelegt, das Herz herumgezeigt. Mit dem Herz will der hl. Nikolaus sagen: „Gott liebt alle Menschen. Er hat ein Herz für jeden." – Nikolaus selbst hat ja auch viel Herz gezeigt.

♫ **Lied:** Gottes Liebe ist so wunderbar (U 32)
oder: Danke …, nach dem Spiritual „Amen" (Tr 964)

Die zweite Kugel zeigt ein schönes Pergament, auf dem steht: „Jesus sagt: Ich bin bei euch alle Tage; ihr braucht keine Angst zu haben."

♫ **Liedruf:** Nimm uns immer ganz fest in deine Hand, wenn wir rufen: Vater, wir sind dein!, Refrain (Melodie Tr 198)
oder: Halte zu mir, guter Gott (U 39)

Die dritte Kugel enthält ein kleines Kreuz: So sehr hat Jesus uns geliebt, dass er das Kreuz getragen hat und sich daran festnageln ließ.

♫ **Liedruf:** *(Kreuz zeigen)* Er rettet dich (Tr 442)

Das will der hl. Nikolaus uns mit den drei goldenen Kugeln sagen, weil ihm das ganz wichtig gewesen ist: Gott liebt uns und wir dürfen diese Liebe weitergeben.

♫ **Lied:** Wir bringen Liebe (statt „Frieden") für alle (U 94, Tr 277, Mel.)

Spiel zum Abschluss
Die drei Schokoladenkugeln will Nikolaus denen schenken, die besonders gut suchen können. (Ein Kind geht hinaus; die erste Kugel wird versteckt, das Kind wieder hereingerufen und es sucht die Kugel dann unter „heiß"- und „kalt"-Rufen; so auch mit den anderen beiden Kugeln.)

45. Helfer in der Not

(Hl. Nikolaus)

Vorbereiten: Einfache Requisiten für die Personen im Spiel; evtl. ein Weckmann zum Teilen.

♫ **Lied zu Beginn:** Lasst uns froh und munter sein …

Hinführung zum Spiel: Noch … Tage, bis der Nikolaus kommt. Ich möchte mit euch ein Spiel machen; dafür brauche ich einen Bäcker, einen Müller, einen Bauern, einen Kapitän und den Bischof Nikolaus (mit den Kindern erarbeiten, was den Spielern in die Hand gegeben wird, damit wir ihre Rolle erkennen); zwei spielen hungrige Kinder.

Spiel
(L. erzählt, während die Kinder spielen:)
Es war in Myra – so heißt die Stadt, in der Nikolaus lebte – eine große Hungersnot ausgebrochen. Ihr zwei habt großen Hunger. Geht und bettelt beim ***Bäcker***: „Wir brauchen Brot. Wir verhungern sonst!"
Der aber sagte: „Ich kann euch nichts geben, der Müller hat mir kein Mehl gemahlen, da konnte ich nichts backen. Geht zum Müller und fragt nach!"

Die Kinder gehen zum ***Müller***: „Müller, der Bäcker hat kein Mehl, um Brot zu backen. Wir aber haben Hunger!"
Der Müller sagte: „Ich habe kein Korn, um Mehl zu mahlen. Der Bauer hat mir nichts geliefert. Geht zum Bauern und fragt dort nach!"
Die Kinder gehen zum ***Bauern*** ... *(Kinder immer mehr das spielen lassen, was sie jetzt können)*. Der Bauer aber sagte: „Es hat nicht geregnet. Auf den Feldern ist alles vertrocknet. Ich konnte kein Korn ernten. Aber geht zum Hafen. Heute Morgen hat ein großes Schiff angelegt. Vielleicht findet ihr dort Hilfe."
Die Kinder gehen zum ***Kapitän*** ... Der Kapitän aber sagte: „Das Korn auf dem Schiff ist für den Kaiser bestimmt. Wenn etwas fehlt, wird mir der Kopf abgeschlagen."
Nun gehen die Kinder zum ***Bischof Nikolaus*** *(mit Stab oder Mitra oder rotem Mantel)*: „Bischof Nikolaus, wir ... Kannst du nicht einmal mit dem Kapitän verhandeln? Er hat viel Korn auf seinem Schiff. Er kann uns retten!"
Bischof Nikolaus nahm wertvolle Gegenstände aus der Kirche mit und zeigte sie dem Kapitän: „Bitte, die Kinder verhungern. Gib uns das Korn!"
Da ließ sich der Kapitän erweichen und gab so viele Säcke mit Korn heraus, dass der Müller wieder genug Mehl mahlen und der Bäcker wieder Brot backen konnte. Es blieb sogar genug Korn für den Bauern übrig, es auszusäen.
Könnt ihr euch vorstellen, wie froh die Kinder waren und auch die ganze Stadt und alle sangen:
♫ **Liedruf:** Danke ..., nach dem Spiritual „Amen" (Tr 964)

Evangelium

Bischof Nikolaus hat das getan, was Jesus uns ans Herz gelegt hat:
Wenn jemand hungrig ist, sollt ihr ihm zu essen geben.
Wenn jemand durstig ist, sollt ihr ... *(Kinder ergänzen lassen)*
Wenn jemand friert, sollt ihr ...
Wenn jemand krank ist, sollt ihr ...
Wenn jemand traurig ist, sollt ihr ... (nach Mt 25,35f).

♫ **Lied:** Tragt in die Welt nun ein Licht (U 85)

(Nach einer Idee von Christine Willers-Vellguth)

46. Licht auf den Gräbern

(Allerseelen / November)

Vorbereiten: Die Kinder bringen ein buntes Herbstblatt mit. Jesuskerze, einige Teelichter, ein großes schwarzes Tuch.

♫ **Lied zu Beginn:** Pass auf, kleines Auge (Lieder C, Nr. 7)

L. *(legt wortlos das große, schwarze Tuch in die Mitte)*:
Nehmt bitte euer mitgebrachtes Herbstblatt in die Hand.
Vor kurzem waren die Blätter noch grün und hingen fest am Baum.
Dreht sie mal herum: Wie viele Adern das ganze Blatt durchziehen!
Die Blätter haben jetzt zwar schöne bunte Farben, aber wir wissen: Weil sie vom Baum getrennt sind und keinen Saft mehr von ihm bekommen, müssen sie bald sterben. Darum legen wir sie auf das schwarze Tuch, als wenn sie in ein Grab fallen.
Auch Menschen werden alt und sterben wie das welke Laub: Dann werden sie ins Grab gelegt. Wir sind dann sehr traurig, weil sie nicht mehr da sind.

(L. stellt die brennende Jesuskerze auf das Tuch.)
Wir wissen: Jesus wurde auch ins Grab gelegt, aber er war stärker als der Tod. Gott hat ihn wieder aufgeweckt. Jesus ist wie ein Licht, das alles hell macht. Deshalb beten Menschen an den Gräbern: Jesus, das Licht, das ewig brennt, möge dir leuchten, damit du zu seinem großen Fest findest.
Wer für eine tote Oma oder einen verstorbenen Opa beten möchte, der darf sich jetzt ein Teelicht nehmen, es an der Jesuskerze entzünden und dann auf das Tuch stellen. *(Jetzt nach Möglichkeit den Raum abdunkeln.)* Wir singen dabei:
♫ **Liedruf:** Es werde Licht (Lieder C, Nr. 2)
oder: Breite deine Hände aus (Tr 409)
oder: Alle-, Alleluja, wir werden auferstehn, nur Refrain (Tr 1085)

Abschluss
Die Kinder bekommen obiges Bild eines Öllichtes zum Ausmalen mit.

(Nach einer Idee von Norbert Thelen, Wir erleben die Bibel. Kindergottesdienste im Kreis, Matthias-Grünewald-Verlag, Mainz, 2. Aufl. 2001, S. 113–115)

Jesus-Geschichten

47. Jesus – der Gute Hirt
(Joh 10,11–14)

Vorbereiten: Jedes Kind bringt ein Schaf aus Märchenwolle mit. Die Schäfchen werden auf einer grün bezogenen Schaumstoffplatte festgesteckt, gruppiert um ein Bild vom Guten Hirten „Jesus" in der Mitte. (Das Anfertigen von Tieren aus Märchenwolle kann den Eltern im Kindergarten angeboten werden.) Ein „Hirt" oder eine „Hirtin", der/die „live" interviewt wird. Eventuell eine große Bibel auf einem Ambo oder Tuch.

♫ **Liedruf zu Beginn:** Immer auf Gott zu vertrauen (Tr 437)
oder: Hab keine Angst: Ich bin bei dir (T.: R. Krenzer; M.: D. u. L. Jöcker, Menschenkinder Musik-Verlag, Münster)

Eine ganze Schafherde ist zu sehen. Und der Gute Hirt Jesus kennt alle und beschützt alle.
So steht es im Heiligen Buch: Jesus sagt: „Ich bin der gute Hirt. Ich kämpfe mit dem Wolf, wenn er kommt, um ein Schaf zu stehlen und aufzufressen. Ich stelle mich in den Weg. Ich gebe sogar mein Leben für meine Schafe."
So einer ist Jesus. Sagt es weiter:
♫ **Lied:** Eine freudige Nachricht (Lieder C, Nr. 1)

Interview

L.: Wir haben einen Schäfer (= S.) eingeladen, einen Hirten, und dürfen einige Fragen an ihn stellen.
Was machen Sie mit diesem ***Stab?***

S.: Ich stütze mich darauf, wenn ich die Herde betrachte oder zähle. Hier unten sind zwei kleine Werkzeuge: Einmal ein Widerhaken, mit dem kann ich leicht den Fuß eines Schafes anheben, wenn ich ihn verarzten muss, weil es in einen Dorn getreten ist. Und mit dieser kleinen Schaufel kann ich Leckerbissen für die Schafe ausgraben, zum Beispiel eine Zuckerrübe.

L.: Sie tragen einen weiten ***Mantel!?***

S.: Ja, ich bin bei jedem Wetter bei meinen Schafen. Da brauche ich einen warmen Mantel, der Schutz bietet vor Kälte, Regen und Wind. Es können ruhig ein paar Kinder kommen und darunter schlüpfen, um den Schutz zu spüren …

L.: Sie bleiben auch (manchmal) nachts bei Ihrer Herde. Daraus schließe ich, dass Sie ein weites Herz für Ihre Schafe haben. Ihre Stimme kennt jedes Schaf.

S.: Ja, nur kranke Schafe würden dem Nächstbesten folgen.

♫ **Liedruf:** Nimm uns immer ganz fest an deine Hand,
wenn wir rufen: Vater, wir sind dein.
(nach der Melodie des Refrains von Tr 198)

Es gibt in der Bibel ein schönes Gebet. Ich spreche es euch in kurzen Sätzen vor, die ihr (auch die Erwachsenen) laut wiederholt. Wir schauen dabei auf das Bild vom guten Hirten Jesus.

Jesus, du bist mein Guter Hirt.
Du führst mich an frische Wasser.
Du gibst mir immer neue Kraft.
Du beschützt mich auf meinem Weg.
Bei dir brauche ich keine Angst zu haben.
Auch im Dunkeln bist du bei mir.
Dein Stab gibt mir Mut.
Du blickst mich freundlich an.
Du bleibst bei mir –
alle Tage meines Lebens. (nach Psalm 23)

♫ **Liedruf:** Danke ..., nach der Melodie „Amen" (Tr 964)

Auch ihr könnt gute Hirten sein: Zum Beispiel, wenn ihr ein kleineres Kind an die Hand nehmt oder tröstet oder einer alten Oma helft oder auf eure jüngeren Geschwister aufpasst ... Dann könnt ihr wie Jesus sein!

♫ **Lied:** Halte zu mir, guter Gott (U 39)
oder: Guter Gott, danke schön (Tr 413)

Die Kinder erhalten ein gerolltes Bild zum Ausmalen, das einen Hirten mit einer Herde zeigt (siehe Seite 89).

(Nach Kindergarten St. Theresia, D-96224 Burgkunstadt)

48. Das wiedergefundene Schaf

(Lk 15,1–7; biblische Geschichte mit Händen erfahren)

Vorbereiten: Ein nettes Schaf zum Knuddeln, das stehen kann; ein schönes Tuch.

L. *(breitet das Tuch aus und setzt das Schaf darauf)*: Das ist Sammi! Ein nettes Schaf, nicht wahr? Zuerst aber singen wir:
♫ **Liedruf:** Gott liebt die Kinder (Tr 407)
oder: Immer auf Gott zu vertrauen (Tr 437)

L.: Meine Hände können sprechen! *(L. streckt ihre/seine Hände aus. Unbeirrt dastehen, auch wenn einige Kinder lachen sollten.)* Was sagen sie jetzt? *(L. winkt mit dem Zeigefinger ein Kind zu sich:)*

„Komm her!“
Und jetzt? *(die Hände zu Fäusten ballen:)* „Ich verprügle dich!“
Und jetzt? *(winken:)* „Auf Wiedersehen!“
Und jetzt? *(beide Hände auf die Ohren legen:)* „Ich will nichts (mehr) hören!“
Und jetzt? *(beide Hände auf die Augen legen:)* „Ich will nichts mehr sehen!“
Und jetzt? *(die Hände falten:)* „Ich bete.“
Also *(L. hält die Hände wieder ausgestreckt vor sich)*: Meine Hände können sprechen! Auch deine Hände können sprechen:
Du hörst jetzt eine Geschichte, die Jesus uns erzählt hat, und wenn ich dabei etwas mit den Händen sage, dann kannst du das mitmachen. Ja?
(Was im Folgenden fett gedruckt ist, mit den entsprechenden Handbewegungen begleiten.)

Ein Hirte hatte hundert Schafe. Er liebte jedes Schaf. Er ***zeigte*** ihnen das saftigste Gras. Er ***drückte*** sie auch schon mal ganz fest *(nach beiden Seiten „drücken“)*. Sie alle kannten seine Stimme.
Abends ***macht*** er ***die Tür*** zum Schafstall ***auf.*** Dann ***zählt*** er seine Schafe: „Eins, zwei, drei … achtundneunzig, neunundneunzig – da fehlt doch eins! Hab ich mich vertan?“ Er ***zählt*** noch einmal: „Eins, zwei … achtundneunzig, neunundneunzig – ja, ein Schaf fehlt; Sammi fehlt!“
Er ***macht die Tür*** vom Schafstall ***zu,*** geht los und sucht es. Es ist schon dunkel. Er ***ruft*** *(legt die Hände an den Mund)*: „Sammi! *(lauter)* Sammi!“ Er ruft in die andere Richtung. Ruft mal alle mit: „Sammi! Sammi!“ Und da, von ganz weit, ganz dünn, ***hört*** er *(Hand ans Ohr legen)*: „Määh!“
Der gute Hirt geht dem Laut nach. Was kann alles passiert sein?! Wölfe können Sammi finden und es zerreißen! Es kann im Dunkeln in ein tiefes Loch fallen! Er ***ruft*** *(= Hände wie ein Sprachrohr um den Mund)* noch einmal; ruft mit: „Sammi! Ich komme!“ Und Sammi blökt froh zurück: „Määh!“
Da ist es. Seine Wolle hat sich fest in den Dornen verfangen. Der gute Hirt ***streichelt*** es. Er ***holt es liebevoll aus den Dornen*** und sagt: „Sammi, was ist passiert?“ Und Sammi erzählt *(weinerlich erzählen)*: „Ach, ich dachte, ich bin schon so groß. Ich kann auch mal weglaufen und finde noch besseres Futter. Und keiner frisst mir etwas weg. Und die Schäferhunde stupsen mich nicht immer zurecht; einer hat mich sogar mal gebissen! Zuerst war es ja auch

schön, so frei zu sein. Doch dann wurde es ***dunkel*** *(Hände vor die Augen)*. Ich war müde, bekam Angst und konnte auf einmal nicht mehr weiter, weil die Dornen mich festhielten." *(Jetzt erst die Hände von den Augen nehmen.)*
Der gute Hirt sagt: „Schön, dass ich dich wieder gefunden habe, bevor ein wildes Tier kam. Schön, dass du ‚Määh' gerufen hast, sonst hätte ich dich nicht finden können!" Er ***nimmt es auf die Schulter***. Dann geht er zurück, ***klopft*** voll Freude ***an die Türen*** der anderen Hirten und ruft: „Freut euch mit mir, ich habe Sammi wieder gefunden. Es war schon verloren. Freut euch mit mir!" Und dann hat er es im Schafstall wieder zu den anderen ***heruntergelassen***. Die haben es auch freudig mit ihren Nasen angestupst: „Na, hast du aber Glück gehabt!"

Jesus hat uns diese Geschichte erzählt. Und er hat gesagt: „Ich bin wie der gute Hirt. Ich gäbe sogar mein Leben hin, wenn ein wildes Tier käme. Ich würde für meine Schafe alles tun. Würde nicht weglaufen, selbst wenn ich blutete!" So einer ist Jesus!
♫ **Lied:** Freut euch alle, singt und spielt ... mit dem Text: Jesus ist unser Hirte ... Jesus liebt die Kinder ... (Lieder C, Nr. 3)

Auch zu dir und mir sagt Jesus: „Wenn du mal so ein Schaf bist, ein dummes Schaf, ein schwarzes Schaf, das weit wegläuft: Ich hole dich. Ich denke an dich. Ich nehme dich auf meine Schulter! Ich freue mich, wenn du dich finden lässt!" So einer ist Jesus!

Schlussrunde
Jetzt hole ich mal das kleine Schaf Sammi und gebe es dir: Du darfst es an dich drücken oder streicheln oder es – mit meiner Hilfe – auf die Schulter legen – so wie Jesus das getan hat. *(L. hält jedem Kind Sammi hin.)*

49. Der barmherzige Vater
(nach Lk 15,11–24; biblische Geschichte mit Händen erfahren)

Vorbereiten: Ein schönes Tuch, darauf ein Kreuz, das zeigt, wie der barmherzige Vater den verlorenen Sohn umarmt; z.B. das Bronzekreuz für Kommunionkinder K 29 von den Ursula-Werkstätten, Egino G. Weinert, D-50668 Köln, Marzellenstr. 42, Tel. 02 21 / 13 54 69, Fax -/139 00 64; 7,5 x 9,5 cm. Preis um 5 €; als Wandkreuz in 18 x 21 cm um 45 €.

♫ **Lied zu Beginn:** Halte zu mir, guter Gott; mit Gesten (U 39)

L. *(legt das Tuch auseinander und das Kreuz darauf)*: Meine Hände können sprechen! (Jetzt weiter wie unter Nr. 48, Seite 90.)
(Was im Folgenden fett gedruckt ist, mit den entsprechenden Handbewegungen begleiten!)

Ein Vater hatte zwei Söhne. Der jüngere ***warf*** eines Tages einen Eimer ***hin*** *(wegwerfende Bewegung)* und sagte zu seinem Vater: „Ich will nicht mehr! Hier ist es zu langweilig. Vater, gib mir viel ***Geld*** *(Daumen und Zeigefinger aneinander reiben)*, dann siehst du mich hier nicht mehr. Gib mir, was ich einmal erben soll!" Der Vater war traurig, ***strich*** ihm ***über die Haare*** *(die Kinder tun das einander)* und sagte: „Bleib doch hier. Glaub mir, hier hast du es besser!" Der Sohn jedoch ***schlug*** seine Hand ***herunter:*** „Nein, ich bin jetzt groß genug, gib mir viel ***Gold*** und ein Pferd *(einen großen Beutel Gold andeuten)*, dann bin ich weg!"
Der Vater gab ihm schließlich das Geld; der Sohn ***steckte es in die Taschen*** und ***ritt*** auf dem Pferd in die weite Welt hinaus.
Wisst ihr, wer viel Geld hat, der hat auch viele Freunde! Die haben ***mitgegessen*** und ***getrunken*** und ***gefeiert*** *(= Arme schwenken)*. Sicher könnt ihr euch vorstellen, wie schnell das Geld aufgebraucht war! Dann hat er noch sein Pferd verkauft und den kostbaren Ring, den der Vater ihm gegeben hatte, und schnell waren ***die Taschen leer*** *(die leeren Taschen zeigen)* und die Freunde verschwunden.
Bald bekam er ***Hunger*** *(= Hände auf den Bauch legen)*, großen ***Hunger.*** Er hat an der nächsten Tür ***geklopft*** *(gegen Sitzfläche klopfen)* und seine ***Hand ausgestreckt:*** „Gebt mir was zu essen; ich will auch dafür arbeiten!"
„Mach, dass du ***wegkommst***!" *(abweisende Handbewegung)*. Er hat wieder ***geklopft*** und ***gebettelt,*** aber alle zeigten ihm die ***Faust:***

„Faules Pack! Weg mit dir!“ Er hat noch einmal ***geklopft*** und da hat ihm einer gesagt: „Siehst du dahinten die Schweine? Du kannst dich dazwischensetzen und aufpassen, dass keins wegläuft!“ Aber wisst ihr, wie Schweine ***stinken*** *(mit Fingern die Nase zuhalten)*? Und zu essen hatte er immer noch nichts! Da hat er mit den Fingern den Schweinen den ***Fraß aus dem Trog genommen*** und ***selber gegessen***. Baah! So einen Hunger hatte er! Schließlich hat er die Hände vor die ***Augen gelegt*** *(bis Zitatende Hände vor Augen halten)* und nachgedacht. „Wäre ich doch bei meinem Vater geblieben! Da hätte ich genug zu essen und zu arbeiten und ein Dach über dem Kopf. Ich hätte ein Zuhause! Ja, es steht fest: Ich gehe zurück zu meinem Vater!“
Er ***nahm einen Stock*** als Wanderstab *(eine Zeit lang Wanderbewegung mit dem Stock machen)* und ging zurück. Langsam, nicht so schnell wie auf dem Pferd!
Unterwegs dachte er: „Wie wird mich der Vater empfangen? So?: ‚Siehst du, hab ich es dir nicht gesagt *(Zeigefinger)*!? ***Hau ja ab!*** Jetzt will *ich* nicht mehr!‘ Wird er mich ***schlagen***?“ *(Faust zeigen)*.
Bald ist er zu Hause. Der Vater sieht ihn näher kommen; er läuft ihm entgegen und – ***umarmt*** ihn *(= einander nach beiden Seiten umarmen)*. Er gibt ihm einen neuen ***Ring an den Finger,*** ein neues ***T-Shirt*** *(überziehen)*, eine neue ***Hose*** *(überziehen)* und ***Schuhe*** *(anziehen)* an die Füße. Der Vater sagt: „Kommt, wir feiern ein Fest! Ein Freudenfest! Mein Sohn ist wieder da!“
Nach dieser Geschichte sagte Jesus: So einer ist mein Vater! Wenn du gemein warst und hässlich oder weggelaufen bist und kommst zurück: „Ich umarme dich!“, sagt mein Vater (s.o.).
Ihr wisst ja, wie Jesus am Kreuz die ***Arme ausbreitet*** *(vormachen!)*. Wenn wir uns die Nägel wegdenken, steht Jesus auch da und sagt: „Komm in meine Arme! Egal, was du getan hast: Ob du gekratzt oder gespuckt oder böse Wörter geschrien hast, ich umarme dich, wenn du zu mir kommst!“ So einer ist Jesus!

♫ **Lied:** Freut euch alle, singt und spielt (Lieder C, Nr. 3)
mit dem Text: Gott ist unser Vater; Jesus liebt die Kinder …
oder

♫ **Liedruf:** Er rettet dich, er rettet mich! Er lässt uns niemals verloren gehen. *(zeigen: dich – mich – uns = Kreis)*

L. *(nimmt das Kreuz vom Tuch)*: Hier seht ihr auf dem Kreuz den Vater, der seinen Sohn umarmt. Ich gehe jetzt mal rund, damit du das genau sehen kannst. Dann streichelst du, wenn du willst, den Sohn oder den Vater und sagst: „Danke!“ *(L. geht mit dem Kreuz von Kind zu Kind.)*

Hinweis: Wenn Sie dieses Gleichnis und das vom barmherzigen Samariter (in meinem Buch „Anschaulich verkündigen“, S. 16–19, auch mit Händen, oder siehe auch Nr. 50 in diesem Buch mit anderer Methode) den Kindern vermitteln, haben Sie die beiden wichtigsten Brennpunkte der Botschaft Jesu im Auge: Vertrauen auf Gott und Liebe zum Nächsten = Hauptgebot.

50. Helfen – wie der Samariter

(nach Lk 10,30–37)

Vorbereiten: Ein Kinderpflaster für jedes Kind; ein sauberes, großes Taschentuch, ein großes Tuch.

♫ **Liedruf:** Gott liebt die Kinder (Tr 407)

Stellt euch vor: Zwei Kinder zanken sich darum, wer auf dem Dreirad fahren darf. Sie schlagen aufeinander ein. Da fällt das Kind mit dem Rädchen um. Es bleibt schmerzgekrümmt liegen. Es blutet. Das andere Kind läuft weg. –
Wer möchte einmal das Kind sein, das blutet und auf dem Boden liegt? *(Kind legt sich auf das große Tuch.)*
Jetzt kommen Kinder und Erwachsene an dem Kind vorbei. Sie sehen es, aber gehen einfach weiter. Sie haben keine Zeit. Sie wollen nicht helfen. *(Wer möchte das mal spielen: Einfach vorbeigehen, keine Zeit haben!? – Kinder zeigen, wie man kalt und mitleidlos weitergehen kann.)*
Aber ein Kind bleibt stehen, bückt sich, putzt mit dem Taschentuch das Blut ab und holt Hilfe. *(L. breitet das Taschentuch in der Hand aus: Wer möchte das spielen? – Mehrere Kinder spielen jetzt Samariter ...)*

♫ **Kanon:** L. singt die bekannte Melodie (siehe U 10):

Das wünsch ich sehr,	*(L. legt die Hand aufs Herz)*
dass immer einer bei dir(!) wär',	*(zeigt auf das Kind am Boden)*
der lacht und spricht:	*(Kind anlächeln)*
Fürchte dich nicht!	*(streichelt das Kind)*

(Melodie jetzt öfter wiederholen, bis alle Kinder sie mitsingen; dabei jeweils die Bewegungen zu einem anderen Kind machen lassen.)

Jesus hat uns einmal eine ähnliche Geschichte erzählt: Da war ein Mann unter die Räuber gefallen. Die hatten ihn halb tot geschlagen und ausgeraubt und sind davongelaufen. Jetzt lag der Mann da und stöhnte. Aber alle Leute, die vorbeikamen, gingen weiter. Nur ein Ausländer, ein Samariter, hatte Mitleid, verband die Wunden des Überfallenen und brachte ihn in ein Gasthaus. Dem Wirt sagte er: „Pflege diesen Kranken, bis er wieder gesund ist. Hier hast du Geld dafür."
Am Ende der Geschichte hat Jesus gefragt: „Wer hat alles richtig gemacht?"
Was meint ihr? ... Ja, der dem Kranken geholfen hat. Und Jesus sagte weiter: „Genauso sollt ihr es machen." Darum singen wir noch einmal:
♫ **Kanon:** Das wünsch ich sehr; mit Gesten (U 10)

Abschluss
Jedes Kind bekommt ein buntes Pflaster: „Zum Helfen, wenn dich jemand braucht."

(Geändert nach einem Entwurf von Marina Gebhard, Kleinkindergottesdienste. 12 Modelle von Jan. bis Dez., Pustet-Verlag, Regensburg 1998, S. 78–82)

51. Jesus liebt besonders die Kinder
(nach Mk 10,13–16)

Vorbereiten: Jesuskerze, ein Tuch. Für jedes Kind helles Legematerial, mit dem Strahlen von der Kerze weg in alle Himmelsrichtungen gelegt werden. Fünf Holzscheite oder Mauersteine oder Bücher, die hochkant gestellt werden können. Eventuell für jedes Kind zum Ausmalen eine Kerze mit Strahlen.

♫ **Liedruf zu Beginn:** Gottes Liebe ist wie die Sonne (U 33, Tr 5)

L. *(stellt die brennende Jesuskerze auf ein Tuch)*: Überall, wo Jesus hinkam, liefen die Menschen zusammen, um sich an seinem Licht zu wärmen und in seiner Nähe wohl zu fühlen. Sie brachten die Kranken mit und die Traurigen. Auch die Ausgestoßenen wagten sich in seine Nähe. Jesu Licht tat allen gut. Es leuchtete bis in ihre Herzen. *(Die Kinder legen jetzt mit dem Legematerial die Strahlen des Lichtes von der Kerze weg in alle Himmelsrichtungen.)*
♫ **Liedruf:** Eine freudige Nachricht (Lieder C, Nr. 1)

Von Jesu Licht und Jesu Wärme hörten auch die Eltern. Sie brachten ihre Kinder mit. Sie wollten auch etwas von diesem Licht für ihre Kinder. Aber die Schüler von Jesus, die Jünger, sagten: „Es ist für heute genug. Seht ihr nicht, wie müde Jesus schon ist? Lasst ihn in Ruhe!“
(L. setzt die Holzscheite hochkant um die Kerze) Seht ihr, jetzt kann Jesus nicht mehr überallhin strahlen und wärmen! Doch Jesus merkte es und sagte: „Lasst die Kinder zu mir! Gerade die Kinder sollen zu mir kommen. Gott ist ein Freund besonders der Kinder, weil sie noch ein so offenes Herz haben und restlos vertrauen können. Sie verstehen Gottes offene Welt.“ Und Jesus nahm sie in seine Arme, streichelte sie, legte ihnen die Hände auf und segnete sie.
♫ **Lied:** Halte zu mir, guter Gott (U 39)

(Kinder tragen die Holzscheite weg; alle nehmen wie Jesus den anderen in die Arme, auch nach der anderen Seite, und zeichnen ihnen das Kreuz auf die Stirn.)

Abschluss

Wer möchte, dem lege ich jetzt die Hände auf den Kopf – wie Jesus das getan hat – und segne ihn so.

Für jedes Kind eine Zeichnung mit einer Kerze zum Ausmalen.

(Gekürzt und verändert nach Norbert Thelen, Wir erleben die Bibel. Kindergottesdienste im Kreis, Matthias-Grünewald-Verlag, Mainz, 2. Aufl. 2001, S. 61–63)

52. Die Krüge auf der Hochzeit zu Kana

(nach Joh 2,1–11)

Vorbereiten: Ein schöner Weinkrug und ein einfacher Wasserkrug; ein Tuch und die Jesuskerze; eventuell zwei Ringe.

Hinweis: Das Schöpfen aus den Krügen kann von Kindern auch pantomimisch gespielt werden.

♫ **Liedruf zu Beginn:** Gott liebt die Kinder (Tr 407)

L. *(breitet das Tuch aus)*: Einmal war Jesus auf eine Hochzeit eingeladen.

(L. setzt die brennende Jesuskerze auf das Tuch und legt evtl. zwei Ringe aufeinander.) Alle, die zur Hochzeit kamen, gingen zuerst zum Wasserkrug *(hinstellen)* und bekamen ihre staubigen Füße gewaschen, denn in dem heißen Land gingen alle barfuß. Sobald sie sich dann an den Tisch gesetzt hatten, bekamen sie aus dem schönen Weinkrug *(hinstellen)* ein Glas Wein eingeschenkt.

Der Weinkrug sagte *(L. nimmt ihn in die Hand)*: „Bin ich nicht etwas viel Besseres als dieser ‚olle' Wasserkrug da? Ich helfe, dass das Fest gelingt! Der da ist nur für schmutzige Füße zuständig!"

Viele Gläser Wein wurden aus dem Weinkrug eingeschenkt. Aber, o Schreck, auf einmal war er leer und weit und breit kein Wein mehr da!

Maria und später Jesus bemerkten es. Da ging Jesus zu dem Wasserkrug *(Jesuskerze nahe an den Wasserkrug stellen)*. Er befahl den Dienern, den Wasserkrug ganz voll Wasser zu füllen. Dann ließ er davon ein Glas dem Koch, dem Speisemeister, bringen. Und der probierte ihn und staunte: „Neuer Wein! Bester Wein! Wenn wir dich, Wasserkrug, nicht gehabt hätten!"

Da schimpfte der Weinkrug, weil Jesus sich dem Wasserkrug zugewendet hatte. Aber der Wasserkrug sagte: „Freu dich doch mit! Wir sind doch beide für das Fest, für die Hochzeit, da. Und es ist unsere Aufgabe, dass das Fest gelingt.“ Da sagte der Weinkrug: „Es stimmt! Entschuldige!“ *(Jetzt wird der Weinkrug näher an die Jesuskerze gerückt.)*

♫ **Liedruf:** Wir bringen Freude (statt „Friede“) für alle (U 94, Tr 277, Mel.)

Abschluss

L. geht mit Wasser- und Weinkrug rund. Die Kinder können wählen, welchen sie berühren, und sagen: „Gut gemacht, Wasserkrug“ oder „Gut gemacht, Weinkrug!“ (der sich ja entschuldigt hat).

(Nach Ideen vom Rheinischen Verband für Kindergottesdienst, und dem Familienmesskreis St. Pankratius, D-50126 Bergheim)

53. Wieder froh werden

(nach Lk 5,17–26)

Vorbereiten: Ein schwarzes und ein gelbes Tuch; ein großes Bild oder Foto von einem traurigen und einem frohen Kind; Bibel; Jesuskerze.

♫ **Lied zu Beginn:** Heut ist ein Tag, an dem ich singen kann (T.: L. Kleikamp; M.: D. Jöcker, Menschenkinder Musik-Verlag, Münster)

L. *(legt das gelbe Tuch in die Mitte)*: Woran erinnert dich das Tuch? … (Froh sein, Sonne).
L. *(legt Bild mit fröhlichem Kind auf das Tuch)*: Worüber hast du dich heute schon gefreut? … Dann ist die Welt schön!
♫ **Lied:** Die Erde ist schön (Tr 774)

Evangelium

Einmal war ein Mann sehr, sehr traurig. Er konnte Arme und Beine nicht mehr bewegen, also nicht gehen oder spielen …, er war gelähmt. Aber er hatte gute Freunde. Die haben ihn nicht allein gelassen. Die waren manchmal seine Hände und Füße. Sie

hörten: Jesus kommt. Der kann Kranke gesund machen! Da haben die Freunde ihn auf eine Tragbahre gepackt und zu Jesus getragen und ihn genau Jesus vor die Füße gelegt. *(Brennende Jesuskerze vor das Bild des traurigen Kindes stellen.)*
Jesus sah den Mann an, las ihm den Wunsch von den Lippen ab, und er blickte die Männer an, die ihn gebracht hatten und die ihn voller Vertrauen anschauten. Da sagte er zu dem Mann: „Ich sage dir: Steh auf, nimm deine Trage und geh nach Hause!" Da stand der Mann auf, nahm die Trage, auf der er gelegen hatte, und ging nach Hause. „Danke, Gott", sang er, „ist das toll! Ich lobe und preise dich!" *(L. stellt die Jesuskerze vor das fröhliche Kind.)* Alle, die dabei waren, staunten und sagten: „So etwas haben wir noch nie erlebt!" Und auch sie lobten Gott. Wir stimmen in dieses Lob ein:
♫ **Lied:** Alle singen wir (Tr 424)
oder: Er rettet dich (Tr 442)

L.: So einer ist Jesus! Wenn du einmal traurig bist, kann er auch dich froh machen!
♫ **Lied:** Das wünsch ich sehr (U 10)

(Nach einer Idee von Christine Willers-Vellguth)

Die Taten von Jesus mit Fußspuren erzählen

Die folgenden Nummern 54 bis 58 erzählen die Geschehnisse von Jesus anhand von Fußspuren. Eine einprägsame Methode, weil die Kinder die Geschichte auch Tage danach noch nachlegen können. Zunächst vergrößern Sie mehrmals die abgebildeten Fußspuren auf

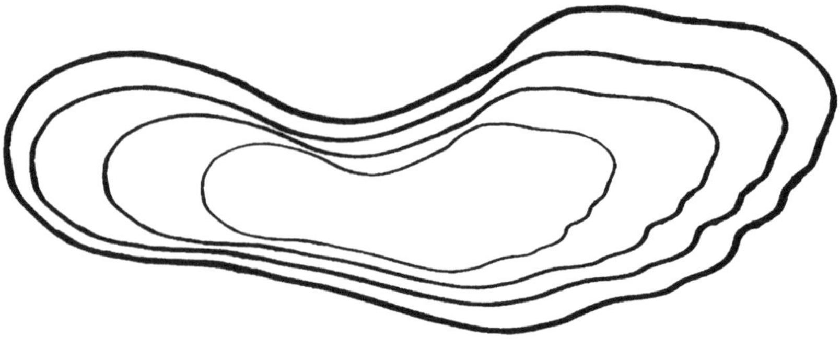

DIN A4, schneiden dann die vier verschiedenen Größen aus und kleben sie auf dünne Pappe.
Die größte Fußspur (in Rot = Liebe) ist die von Jesus.
Die zweitgrößte (in Blau = Vertrauen, Glaube) meint jeden, der sich voller Vertrauen Jesus nähert: die kranke Frau in Nr. 54, den Blinden in Nr. 55, den dankbaren Kranken in Nr. 56, den Jungen von Naïn in Nr. 57 (Änderungen siehe Text!).
Die drittgrößte Fußspur steht für die Jünger Jesu (in Orange = sie lassen sich von der Liebe Jesu anstecken; so auch in Nr. 58). Die kleinste Fußspur (gelb) meint alle Augenzeugen, die Jesu Begegnungen miterlebt haben. Außer der von Jesus müssen die Fußspuren mehrfach vorhanden sein.

54. Die kranke Frau

(nach Mk 5, 24–34)

Vorbereiten: Ein großes, graubraunes Tuch als Unterlage und verschieden große Fußspuren (siehe Text Seite 100f).

♫ **Lied zu Beginn:** Pass auf, kleines Auge (Lieder C, Nr. 7)

L. *(breitet das Tuch aus)*: Einmal war Jesus wieder unterwegs. *(L. legt eine große rote Fußspur auf das Tuch.)*
Seine Schüler, seine Jünger gingen mit ihm. *(L. legt etwa halb so große orange Fußspuren hinter die von Jesus; hier können die Kinder auch den einen oder anderen Namen eines Jüngers aufzählen; vielleicht wissen sie auch noch etwas mehr.)*
Auch viele Leute gingen mit, hörten zu *(L. legt die kleineren, gelben Sohlen rundherum)* und passten genau auf.
Einmal kam eine Frau, die war sehr krank. *(L. legt eine blaue Fußspur ca. 15 cm von der Jesus-Spur entfernt)*
Sie hatte schon an die Ärzte viel Geld gezahlt und auch für Medizin ausgegeben; aber das hatte alles nichts genutzt. Jetzt war Jesus ihre letzte Hoffnung. Sie dachte, wenn ich Jesus nur berühre, dann werde ich gesund *(Fußspur der Frau langsam näher rücken)*. Ach, dachte die Frau, ich brauche nur sein Gewand zu berühren, das genügt, dann bin ich bestimmt wieder heil! *(Fußspur langsam näher rücken, immer näher – bis ihre die von Jesus berührt)*.

Als sie Jesus berührt hatte *(Fußspur wieder etwas entfernen)*, spürte sie: Ja, ich bin gesund! Jesus aber drehte sich um *(Fußspur umdrehen)* und fragte: „Wer hat mich berührt?“ Er hatte gespürt, dass Kraft von ihm ausgegangen war.
Da kam die Frau zitternd näher *(Fußspur näher rücken)* und sagte: „Ich war das, Jesus.“ Und Jesus sagte zu ihr: „Das war gut, dass du mir vertraut hast. Geh in Frieden. Du sollst gesund bleiben!“
Die Jünger und die Leute erzählten es überall weiter, was sie gesehen und gehört hatten. *(L. dreht ihre Fußspuren um, sodass sie nach außen in alle Welt zeigen.)*

♫ **Liedruf:** Eine freudige Nachricht (Lieder C, Nr. 1)

Abschluss
Die Ikone holen und damit rundgehen. Die Kinder dürfen Jesus berühren und danke sagen. (Oder die Kinder helfen beim Einräumen: Wer bringt mir die Fußspur von ...?)

Hinweis: Mit der obigen Methode siehe auch die folgenden Nummern 55–58!

55. Die Heilung eines Blinden
(nach Mk 10,46–52)

Hinweis: Siehe Fußspur-Information Seite 100f.

Vorbereiten: Ein großes, graubraunes Tuch als Unterlage und verschieden große Fußspuren: eine große, rote für Jesus; einige mittelgroße in Orange für seine Jünger; eine mittelgroße in Schwarz für den Blinden, die auf der Rückseite Gelb zeigt; einige kleine, gelbe für die Leute.

♫ **Liedruf zu Beginn:** Gottes Liebe ist so wunderbar (U 32)

L.: Ich möchte euch eine Geschichte über Jesus erzählen *(breitet das Tuch aus und legt die schwarze Fußspur darauf)*:
Einmal lebte ein Bettler, der war ganz blind. Macht mal die Augen zu! Stellt euch vor: Nie mehr sehen können! Nicht die Farben der Blumen; keinen Ball auffangen können. Wer blind ist, ist sehr behindert!

So, ihr dürft wieder gucken! Darum ist die Fußspur des Bettlers ganz schwarz. Jeden Tag saß er am Straßenrand, und wenn jemand vorbeikam *(L. legt ein, zwei kleine, gelbe Fußspuren)*, streckte er die Hand aus *(L. tut es)* und rief: „Leute, so helft mir doch! Ich bin blind. Ich kann nicht arbeiten. Gebt mir doch etwas zum Leben!"
Einmal kamen ganz viele Leute. *(L. legt noch mehr kleine, gelbe Fußspuren.)* Der Bettler hörte es und wunderte sich. „Was ist los?", fragte er. „Wie?", sagten sie, „hast du noch nicht gehört, dass Jesus kommt? Der große Jesus! Den wollen wir sehen." Und richtig, Jesus kam. *(L. legt die große, rote Fußspur und die der Jünger dahinter.)*
Der Bettler war voller Hoffnung: Vielleicht macht dieser Jesus auch mich sehend! Ich habe das schon so oft von anderen gehört. Und er rief laut: „Jesus, hab Erbarmen mit mir!" Die Leute schimpften mit ihm: „Ja, glaubst du, Jesus kümmert sich um dich? Halt deinen Mund und stör nicht!"
Der Bettler bekam Angst; er dachte: „Vielleicht kommt Jesus nie wieder hier vorbei oder er geht weiter, ohne bemerkt zu haben, dass ich blind bin." Und er rief noch lauter *(L. schreit ziemlich laut)*: „Jesus, erbarme dich meiner!" Da hörte Jesus ihn. Er blieb stehen und fragte: „Wer hat mich da gerufen?" *(L. dreht die Fußspur zum Bettler.)* Die Leute sagten: „Ach, geh ruhig weiter! Das ist nur der blinde Bettler, der hier immer sitzt." Aber Jesus sagte: „Er hat mich gerufen. Holt ihn her!" So einer ist Jesus!
Plötzlich waren die Leute ganz freundlich. Sie sagten zu ihm: „Blinder Bettler, du sollst zu Jesus kommen. Hab Mut, steh auf, er ruft dich!"
Da warf der Bettler seinen Mantel weg, sprang auf und lief zu Jesus, so schnell er konnte. *(L. schiebt die schwarze Fußspur bis nahe an die rote.)* Jesus fragte ihn: „Was soll ich dir tun? Du hast mich gerufen."
Da antwortete der Blinde – na, was meint ihr, was er sich wünschte? – ja: „Jesus, ich möchte sehen!" Da berührte Jesus ihn an den Augen (vgl. Mt 9,29; 20,34) und sagte: „Du sollst wieder sehen!" *(L. wendet die schwarze Fußspur auf die gelbe Seite.)* Da konnte er wieder sehen und wusste:
♫ **Liedruf:** Du bist das Licht der Welt, Refrain (Tr 1078)

L.: Jesus in der Not anrufen! Damit er uns hört und hilft. So bitten wir auch jetzt: für alle, die blind sind; für alle … (Kinder suchen auch Anliegen).

♫ **Liedruf:** Breite deine Hände aus, Refrain (Tr 409)

Die Kinder helfen beim Einräumen: Wer legt mir die Fußspur vom Bettler in den Korb? …

Hinweis: Mit dieser Methode siehe auch die Nummern 54, 56–58.

56. Der dankbare Kranke

(nach Lk 17,11–19)

Hinweis: Siehe Fußspur-Information auf Seite 100f.

Vorbereiten: Ein großes, graubraunes Tuch als Unterlage und verschieden große Fußspuren: eine große, rote für Jesus; einige mittelgroße in Orange für seine Jünger; drei mittelgroße, gelbe für die Priester; zehn kleine, grüne (= voller Hoffnung, dass Jesus sie heilt) für die zehn Aussätzigen; eine Fußspur in Gelb, die später auf die Spur des Geheilten gelegt wird. Auf allen zehn Fußspuren deuten auf einer Seite schwarze Kringel Geschwüre an.

♫ **Lied zu Beginn:** Freut euch alle (Lieder C, Nr. 1)

L.: Ich möchte euch eine Geschichte von Jesus erzählen *(breitet das Tuch aus)*:
Einmal war Jesus wieder unterwegs. *(L. legt die große, rote Fußspur auf das Tuch.)* Seine Jünger waren auch dabei. *(L. legt einige halb so große, orange Fußspuren um die von Jesus. Die Kinder zählen Namen der Jünger auf.)*
Da trafen sie zehn kranke Männer. *(L. legt die grünen Fußspuren als Halbkreis vor Jesus.)* Seht mal, wie krank sie waren: Sie hatten Geschwüre bis unter die Füße. Sie waren voller Hoffnung, dass Jesus sie gesund macht. Sie riefen: „Jesus, hab Erbarmen mit uns! *(L. wiederholt noch lauter:)* Jesus, erbarme dich doch!“
Jesus wusste, dass er sie nicht berühren durfte, weil ihre schlimme Krankheit ansteckend war. Keiner durfte sie berühren. Aber Jesus ging hin, ging ganz nahe, berührte sie doch (vgl. Mt 8,3; Mk 1,41; Lk 5,13) und sagte zu jedem: „Ich will, dass du gesund bist.“ *(L. berührt mit der Fußspur Jesu ganz langsam zwei oder drei der „Aussätzigen“; die anderen können durch Kinder mit der Fußspur Jesu berührt werden: „Wer möchte auch einen wie Jesus gesund machen und berühren?“)*

Da waren alle zehn gesund. *(L. dreht alle zehn Fußspuren um.)* Nun durften sie wieder in die Dörfer zurück, zu ihren Frauen und Kindern. Sie jubelten: „Wir sind wieder gesund, können wieder arbeiten und Feste feiern." Und sie liefen zurück in ihre Häuser. *(L. dreht die Fußspuren nach außen und rückt sie weiter ab – heimwärts.)* Nur einer nicht, der dachte: „Ich muss doch Jesus danke sagen!" Er kam zu Jesus zurück, fiel vor ihm zu Boden und sagte: „Danke, Jesus, dass du mich gesund gemacht hast." Jesus schaute ihn an und fragte: „Wo sind denn die anderen neun? Ich habe doch zehn gesund gemacht! Warum sagen nicht zehn Gott ein Dankeschön?" Und zu dem, der vor ihm lag, sagte er: „Komm, steh auf und geh nach Hause. Weil du danke gesagt hast, ist nicht nur dein Körper gesund, sondern auch dein Herz!" *(L. legt auf die Fußspur des Geheilten eine gelbe Fußspur.)* Da wusste der Mann, dass er der Sonne Gottes begegnet war und er sang fröhlich – und wir singen mit:
♫ **Liedruf:** Du bist das Licht der Welt, Refrain (Tr 1078)

L.: Danken ist so sehr wichtig. Es macht den anderen froh und schenkt dir ein gesundes Herz.

♫ **Liedruf:** Danke (Tr 964 auf die Melodie von „Amen")
Die Kinder helfen beim Einräumen: Wer bringt mir die Fußspur von … ?

Hinweis: Vgl. die Entwürfe nach der Fußspuren-Methode Nr. 54, 55, 57 und 58.

57. Der Junge aus dem Städtchen Naïn
(nach Lk 7,11–17)

Hinweis: Siehe Fußspur-Informationen Seite 100f.

Vorbereiten: Ein großes, graubraunes Tuch als Unterlage und verschieden große Fußspuren (s. Text) in verschiedenen Farben.

♫ **Lied zu Beginn:** (Wir zeigen auf das Kreuz.) Er rettet dich (Tr 442)

L. *(breitet das Tuch aus)*: Einmal kam Jesus in eine kleine Stadt; diese Stadt hieß Naïn. *(L. legt eine große, rote Fußspur auf das Tuch.)* Seine

Jünger folgten ihm. *(L. legt halb so große, orange Fußspuren hinter die von Jesus.)* Auch viele Leute gingen mit und beobachteten alles ganz genau. *(L. legt kleinere, gelbe Spuren nach rechts und links.)*
Da trug man gerade einen toten jungen Mann aus der Stadt zum Friedhof. *(L. legt eine schwarze Fußspur hin, die größer als die der Jünger und auf der Unterseite grün ist.)* Er war der einzige Sohn seiner Mutter und der Vater war auch schon tot. *(L. legt eine lila [= Trauer, Tränen] Fußspur für die Mutter hin, die auf der Rückseite gelb ist.)*
Als Jesus die weinende Mutter sah, tat sie ihm Leid. Er ging zu ihr *(L. bewegt die rote Jesus-Spur auf die der Mutter zu, bis er sie berührt)* und sagte: „Weine nicht!“ Dann ging er zu dem jungen Mann *(„Jesus“ berührt die Fußspur des jungen Mannes)* und sagte: „Ich befehle dir, steh auf!“
Da richtete sich der Tote auf. *(L. dreht die schwarze Spur um auf Grün)* und begann zu sprechen. Jesus gab ihn seiner Mutter zurück. *(L. legt die grüne neben die lila Fußspur.)* Da freute sich die Mutter! *(L. dreht die lila Spur um auf gelb.)* Und alle waren begeistert, priesen Gott und sagten es überallhin weiter *(alle Spuren nach außen richten)*. Auch wir haben es erfahren und wissen:
♫ **Liedruf:** Alle-, Alleluja, wir werden auferstehn!, Refrain (Tr 1085)

Abschluss

Ich hole das Kreuz (des Gruppenraumes) und gehe damit im Kreis herum. Die Kinder dürfen das Kruzifix berühren und „danke“ sagen oder sie helfen beim Einpacken: Wer bringt mir die Fußspur der Mutter, die so weinte … ?

Hinweis: Mit dieser Fußspur-Methode siehe auch die Entwürfe Nr. 54–56 und 58.

58. Von den Freunden Jesu auf seinem letzten Weg
(Leidensgeschichte, z.B. Mt 26–27)

Hinweis: Siehe Fußspur-Informationen Seite 100f.

Vorbereiten: Ein graubraunes Tuch als Unterlage und verschieden große und verschiedenfarbige Fußspuren gemäß Text; ein kleines Kreuz.

♫ **Lied zu Beginn:** Ihr Freunde, lasst euch sagen (T.: Rolf Krenzer; M.: Ludger Edelkötter, Impulse-Musikverlag, Drensteinfurt)

L.: Als Jesus wusste, dass seine Feinde ihn töten wollten, ging er in einen Garten, um zu beten. *(L. legt die große, rote Fußspur auf das Tuch.)* Drei Jünger nahm er mit – wie immer, wenn es besonders wichtig war. *(L. legt drei halb so große, orange Fußspuren in die Nähe von Jesus: Petrus, Johannes und Jakobus.)*
Jesus wurde ganz traurig. Er begann vor Angst zu zittern und sagte: „Wacht bei mir und betet mit mir!" Aber die Jünger waren müde und schliefen ein. *(L. legt die Fußspuren der Jünger weiter fort.)* So war Jesus ganz allein. Da kam Judas, der ihn verraten wollte, in den Garten. *(L. legt orange Fußspur eines Jüngers hin.)* Mit Judas kamen viele Soldaten, die Jesus gefangen nehmen wollten. *(L. legt viele kleinere, gelbe Fußspuren um Judas.)* Judas ging ganz nahe an Jesus heran *(L. tut es)* und küsste ihn *(L. berührt mit der Fußspur des Judas die von Jesus)*. Ihr habt richtig gehört: Der Freund Judas verrät ihn durch einen Kuss! Da fielen die Soldaten über Jesus her und fesselten ihn. *(L. legt die kleinen, gelben Fußspuren auf die rote von Jesus.)* Als die anderen Jünger das sahen, liefen sie weg, denn sie hatten große Angst. *(L. entfernt die drei Jünger-Fußspuren.)* Nur einer, Petrus, zog das Schwert und wollte für Jesus kämpfen; aber der wollte keinen Kampf und kein Blutvergießen. Schließlich war Jesus ganz allein.
Doch Petrus folgte Jesus von weitem. *(L. legt eine Jünger-Spur hin.)* Da kam eine Frau *(L. legt eine kleine, gelbe Fußspur in die Nähe des Petrus)* und sagte: „Dich kenne ich! Du warst auch bei Jesus!" Aber Petrus – voller Angst – rief empört: „Du musst mich mit einem anderen verwechseln. Ich kenne diesen Jesus nicht! Ich gehöre auch nicht zu ihm!" – Überlegt mal, Kinder: Petrus wollte der Freund von Jesus sein und dann so etwas!

Später legten sie Jesus ein schweres Kreuz auf die Schultern. *(L. nimmt die Jesus-Fußspur und die des Judas aus den vielen gelben Fußspuren heraus; auf die Jesus-Spur legt er ein Kreuz.)*
Maria, seine Mutter, stand am Wegrand. *(L. legt eine blaue, mittelgroße Fußspur in die Nähe von Jesus.)* Sie ging ganz nahe an Jesus heran *(L. tut es)*, berührte ihn und sagte: „Jesus, ich kann ja nichts für dich tun, aber ich bin bei dir und denke an dich." Wie schön, dass Jesus nicht ganz allein war!
Dann kam ein Mann des Weges; Simon hieß er, der half Jesus das Kreuz tragen. *(L. legt eine mittelgroße, grüne Fußspur neben die von Jesus und legt das Kreuz halb darauf.)* Da hat sich Jesus gefreut.
Und dann kam noch ein junges Mädchen. *(L. legt eine mittelgroße, rosa Fußspur in die Nähe von Jesus.)* Es gab Jesus ihr Taschentuch, damit er sich wenigstens das Blut von der Dornenkrone und den Schweiß aus dem Gesicht wischen konnte. *(L. berührt mit der Mädchen-Fußspur die von Jesus.)* War das nicht toll? Das waren echte Freundinnen und Freunde!
Es ist schön, wenn du gute Freunde oder Freundinnen hast, die dich nicht allein lassen, wenn es dir schlecht geht oder du in Not bist. Wir singen dafür ein „Danke!"
♫ **Liedruf:** Danken, danken wollen wir dem Herrn, Refrain (Tr 427)

Wer hilft mir beim Einpacken und legt mir die Fußspur des Mädchens in den Korb, das Jesus sein Taschentuch gegeben hat? Und jetzt die des Petrus, der sagte: „Ich kenne diesen Jesus nicht!" Und …

Hinweis: Mit dieser Fußspur-Methode siehe auch die Entwürfe Nr. 54–57.

59. Jesus lädt zum Fest
(nach Mt 22,1–10)

Vorbereiten: Jedes Kind soll eine Blume mitbringen, die zunächst neben den Stuhl gelegt wird; ein rundes Tischtuch; Jesus-Kerze; ein oder mehrere Brotfladen; ein Becher mit Traubensaft.

♫ **Lied zu Beginn:** Gott liebt die Kinder, Refrain (Tr 407)

L. *(legt das runde Tischtuch in die Mitte)*: Dieses Tischtuch ist festlich schön. Ihr schmückt es noch mehr: Legt bitte eure mitgebrachten Blumen ringsherum an den Rand des „Tisches". Seht mal, wie schön geschmückt er jetzt ist, wie bei einem Geburtstag. Es soll auch was zu essen geben! *(L. legt Brotfladen und stellt einen Becher Traubensaft auf das Tischtuch.)*
Jesus hat uns von einem Fest eine Geschichte erzählt:
Einmal werden mein Vater und ich ein großes Fest im Himmel feiern. Alle Menschen werden dazu eingeladen. Auch ihr alle. Und er schickt seine Diener aus, die rufen: „Alles ist fertig. Kommt zum Fest!" *(Diese Einladung kann auch von Kindern gespielt werden.)*
Aber die Menschen sind zu beschäftigt. Sie hören gar nicht hin. Sie freuen sich nicht darüber. Die Diener gehen nochmals rund und rufen nach allen Seiten: „Kommt doch! Alles ist fertig. Kommt zum Fest!" Aber keiner kommt. –
Als der Vater das erfährt, wird er zuerst traurig, dann wütend: Niemand kommt. Da bleibt mein Sohn ja bei seinem Fest allein. Unverschämt!" *(Hier sollen die Kinder sagen, was sie empfinden, wenn die geladenen Gäste zu einem Fest, z.B. der Geburtstagsfeier, nicht kommen.)* Dann hat der Vater eine Idee. Er sagt zu den Dienern: „Geht auf die Straßen und ladet alle ein, die ihr trefft!"
(Hier werden ein paar Kinder gebeten, sich rund um das Tischtuch, den Tisch, zu hocken. Wenn das gespielt wird, holen die Diener ein paar Kinder um den Tisch.) Und Jesus kommt *(die brennende Jesuskerze wird auf den „Tisch" gestellt)*:
Alle essen, trinken, reden miteinander und sind fröhlich. *(L. teilt das Fladenbrot aus, auch über den Kreis derer am Tisch hinaus; ebenso den Becher mit Traubensaft; eventuell kreisen mehrere Becher im Raum; bei Zeitnot kann es auch beim Brot bleiben.)*
Jesus will mit allen Menschen das Fest der Feste feiern. Er möchte, dass alle Menschen sich mit ihm freuen. – So einer ist Jesus.
♫ **Liedruf:** Freut euch alle, singt und spielt (Lieder C, Nr. 3)
oder: Wo zwei oder drei …, Kanon (U 100, Tr 95)

Abschluss: Tanz um den festlichen Tisch!

(Teilweise nach Norbert Thelen, Wir erleben die Bibel. Kindergottesdienste im Kreis, Matthias-Grünewald-Verlag, Mainz, 2. Aufl. 2001, S. 66–68)

Besuche in der Kirche

Kinder die Kirche „erobern" zu lassen, ist von der Absicht bestimmt, „Kirche" als einen interessanten und abwechslungsreichen Ort zu erleben. Die Ortskirche soll ja einmal ein Stück Heimat für sie werden.

60. Wir spielen Kirche

(Besuch der Kirche)

Vorbereiten: Im Altarraum eine große, weiße Tischdecke. Außen herum ein Kreuz, eine Kerze, Blumenvase mit Blumen, eine Schelle, eine Bibel, ein Fladenbrot.

♫ **Lied zu Beginn:** Gott liebt die Kinder (Tr 407)

L.: Heute spielen wir einmal, was immer in der Kirche geschieht, wenn die Leute hierher zu Jesus kommen. Ich lege einmal alles auf die Tischdecke, was dann wichtig ist:
- Ein Kreuz: Es ist ja hier das Haus von Jesus. Und oft sehen wir hier Kreuze, die uns sagen: So sehr liebt Jesus die Menschen.
- Der Tisch muss auch schön hergerichtet sein: Darum die Kerze *(anzünden und draufstellen)* und die Blumen *(Vase draufstellen).* Wenn bei euch zu Hause ein Fest gefeiert wird, schmückt die Mama den Tisch auch mit Kerzen und Blumen.
- Jetzt wird es wichtig: Das Heilige Buch erzählt von Jesus *(mitten aufs Tuch legen).*
- und hier wird Brot gegessen wie bei einer Mahlzeit *(Fladenbrot neben die Bibel legen).*

♫ **Lied:** Freut euch alle (Lieder C, Nr. 3)

L.: Immer, wenn es wichtig ist, schellt ein Ministrant oder eine Ministrantin. Wer möchte einmal schellen?
(L. nimmt das Lektionar/Evangeliar/die Bibel:) Jetzt spricht Jesus zu uns:
Ich bin von meinem Vater in die Welt geschickt worden, um den

Menschen zu sagen: Gott liebt euch. Ich kann euch retten. Ich bin das Licht, das stärker ist als alle Dunkelheit. Wer mich an die Hand nimmt, braucht keine Angst mehr zu haben (nach Joh 3,16–21).

♫ **Lied:** Du bist das Licht der Welt, Refrain (Tr 1078)
oder: Das wünsch ich sehr (U 10)

L.: Jetzt darf noch mal eine/r schellen! Es wird wieder ganz wichtig. Es wird gegessen. Als Jesus mit seinen Freunden kurz vor seinem Tod in einem großen Saal zusammenkam, nahm er ein Brot *(nimmt das Fladenbrot)*, brach es *(in vier Teile brechen)* und gab es seinen Jüngern und sagte dabei: Esst davon und denkt an mich! Das trage ich euch für immer auf, wenn ihr in meinem Namen zusammenkommt.
(Die Kinder verteilen das Brot an Kinder und Erwachsene; evtl. mehrere Fladenbrote brechen.)
Wir essen. Dazwischen:

♫ **Liedruf:** Danke … ; Melodie von „Amen" (Tr 964)

Schlusslied: Guter Gott, danke schön (Tr 413)
oder: Gott baut ein Haus, das lebt (U 30)
oder: Wenn wir jetzt weitergehen (GL 514; vor- und nachsingen!)

(Nach einer Idee bei Karl-Heinz Rentmeister)

61. Mit Weihrauch Gott verehren

(Erscheinung des Herrn / Weihnachten)

Vorbereiten: Rauchfass im Altarraum aufhängen mit schon glühenden Kohlen; darunter auf dem Boden eine Folie; Weihrauchkörner für alle; eine schwarze Kohle zum Vorzeigen; brennende Kerze.

♫ **Lied zu Beginn:** Ihr Kinderlein, kommet … (eg 43)

L. *(zeigt an der Krippe)*: Einer der Heiligen Drei Könige brachte Weihrauch.
Dann stellen sich alle ums Weihrauchfass. L. zündet eine schwarze Kohle über einer brennenden Kerze an und legt sie zu den glühenden.

L. zeigt „Schiffchen“ (= schiffchenartiges Behältnis) mit Weihrauchkörnern und legt einige davon auf die Kohlen. Kinder schauen und riechen.
L. schwenkt das Weihrauchfass vor dem Kind in der Krippe, dazu singen:
♫ **Liedruf:** Keiner ist größer (Tr 408)

Der König an der Krippe wollte mit seinem Geschenk des Weihrauchs sagen: Jesus, du bist nicht nur ein tolles Kind, du bist Gottes Sohn! –
Weihrauch wird auch heute noch in der Kirche gebraucht, wenn in feierlichen Gottesdiensten Jesus besonders geehrt wird *(jetzt unter Umständen rundgehen und Tabernakel, Kreuz, Altar und Evangelienbuch beweihräuchern).*
♫ **Liedruf:** Keiner ist größer (Tr 408)

Kinder an den Weihrauchkörnern riechen lassen; sie dürfen sich einige nehmen und auf die glühenden Kohlen legen. (Weil die Kinder im letzten Augenblick oft zurückzucken, fallen viele Körner auf die Erde; darum Folie unterlegen!) Die größeren Kinder dürfen jetzt auch einmal schwenken.
♫ **Dabei Liedrufe wie:** Gottes Liebe ist so wunderbar (U 32);
Alle Jahre wieder;
Er rettet dich … (Tr 442)
usw.

Zum Abschluss: Kinder verneigen sich tief vor Krippe oder Kreuz; gehen vielleicht – wie die anbetenden Könige – auf beide Knie, um anzubeten.

Hinweis: Siehe auch Nr. 16 „Die Geschenke der drei Könige“.

62. Glocken laden uns ein

Vorbereiten: Glocken in verschiedenen Größen bereitstellen: Glocke der Sakristei, Glöckchen der Ministranten, Glocke, die z.B. bei Sitzungen zur Tagesordnung ruft; vielleicht größere (ausrangierte) Glocke in der Kirche und kleinere aus dem Haus(halt) usw.

♫ **Lied zu Beginn:** Es läuten alle Glocken (Tr 407)

L. geht mit der Gruppe vor das Kreuz.
♫ **Liedruf:** Er rettet dich ..., mit Gesten (Tr 442)

L.: Hier seht ihr Glocken und Glöckchen in verschiedenen Größen *(jeweils hochheben und den entsprechenden Zweck nennen).* Immer rufen sie mit ihrer hellen oder tieferen Stimme: „Hallo! Hört her! Ich will euch etwas Wichtiges sagen!"
Jetzt machen wir einmal ein kleines Geläute. (*Die Schellen und Glöckchen werden an verschiedene Kinder verteilt und bei der Aufforderung „Los!" setzen alle gleichzeitig ein!)* Na ja, das war ja ein schönes Durcheinander ... *(absetzen).*
Die großen Glocken im Turm rufen: „Kommt zum Gottesdienst! Gott liebt euch! – Wenn die dickste Glocke läutet, die mit dem tiefsten Ton, dann wissen die Leute: Es ist jemand gestorben. Oder wenn sie freitags um 15 Uhr ertönt, will sie daran erinnern: In dieser Stunde ist Jesus gestorben. – Manchmal werden die Glocken auch nur angeschlagen: Das ist die Uhr, die ihre Stunden ausruft. Soll ich mal die Glocken alle auf einmal läuten lassen? Das darf aber nur kurz geschehen. Sonst kommen die Leute gelaufen und fragen: „Was ist los? Wir wissen ja gar nicht, dass jetzt Gottesdienst ist!" *(Jetzt die Sakristeitür öffnen oder Ähnliches, damit das kurze Läuten auch gut in der Kirche zu hören ist.)*
(Wenn die Glocken wieder abgeschaltet sind und ausklingen:)

♫ **Lied:** Freut euch alle (Lieder C, Nr. 3)

Wisst ihr was? Wir läuten jetzt mal selber. Die Großen *(eventuell Eltern, ErzieherInnen)* machen einen tiefen Ton und rufen: „Bomm – bomm – bomm!" Dabei den ganzen Körper mit ausgestreckten Armen wie eine Glocke hin und her bewegen. – Die Jungen machen: „Bamm – bamm – bamm!", und bewegen nur die Hände hin und

her wie eine Glocke. Und die Mädchen machen: „Bimm – bimm – bimm!“, und bewegen nur noch den Kopf hin und her wie eine Glocke. Wir versuchen es mal *(vielleicht die Töne noch etwas aufeinander abstimmen)*. … Ist ja toll!
Alles noch einmal! Und wir denken daran, was die Glocken rufen: „Kommt zum Gottesdienst! Gott liebt euch!“

(Letzteres nach einer Idee bei M. Hoffmann / V. Kreß / G. Siegel: „Mama, es glockt!“, Kösel-Verlag, München 1996, S. 126)

Abschlusslied: Halte zu mir, guter Gott (U 39)

63. Licht für alle Menschen!

(auch zum 2. Februar: Darstellung des Herrn)

Auf den Treppenstufen der Kirche:
♫ **Lied:** Gott liebt die Kinder, Refrain (Tr 407)

Beim Eintritt am Weihwasserbecken *(eventuell eine Schale mit Weihwasser tiefer setzen)*: Ein Kreuz auf die Stirn mit Weihwasser – wie damals bei der Taufe = Du gehörst zu Jesus.

Gebet vor einem Kreuz im Eingangsbereich *(vor- und nachsprechen)*:
Guten Morgen, lieber Gott!
Gib uns heute unser Brot.
Lass uns lachen und nicht weinen.
Lasse deine Sonne scheinen –
bis in unser Herz hinein.
Lass uns immer bei dir sein. Amen.

♫ **Liedruf:** Amen … *(laut, lauter, mit Klatschen, leise summen)* (Tr 964)
oder: Er rettet dich, Refrain (Tr 442)

Evangelium *(an einer dunklen Stelle der Kirche)*
Als Jesus noch ein Baby war, sind seine Eltern, Maria und Josef, mit ihm in eine Kirche gegangen. Sie haben gesagt: „Sieh mal, guter Gott: Das ist unser Kind. Wir danken dir für seine Geburt und freuen uns darüber. Pass bitte gut auf unseren Jesus auf.“

Da kamen zwei alte Leute auf sie zu: Die Frau hieß Hanna und der Mann Simeon. Die gingen jeden Tag in die Kirche. Sie warteten auf einen, der die Menschen rettet und ihnen den richtigen Weg weist. Als sie jetzt Maria und Josef und das Kind sahen, da waren sie richtig glücklich. Der alte Simeon nahm Jesus auf seine Arme und sagte: „Jetzt habe ich keine Angst mehr für die Zukunft. Jetzt kann ich ruhig sterben." Denn er spürte, dass er ein besonderes Kind auf seinen Armen hatte. Er hob es hoch und sagte: „Dieses Kind ist wie ein Licht, das in die ganze Welt hinein leuchten wird! Ein Licht für alle Menschen!"
Die sehr alte Hanna hat die ganze Zeit dabei glücklich mit dem Kopf genickt. Maria und Josef aber haben nur gestaunt, was da über ihren Jesus gesagt wurde.

(Frei nach Lk 2,22–38, nach Ideen von Karl-Heinz Rentmeister)

♫ **Liedruf:** Du bist das Licht der Welt, Refrain (Tr 1078)

L.: Ich zeige euch ein Licht, das brennt Tag und Nacht und es soll immer auf Jesus hinweisen. Es sagt allen Menschen, die hier eintreten: Jesus ist das Licht der Welt.

Prozession zum Ewigen Licht
Hier wiederholt L. das eben Gesagte. Alle knien sich kurz hin und singen noch einmal:
♫ **Liedruf:** Du bist das Licht der Welt (Tr 1078), *und*
Gottes Liebe ist so wunderbar (U 32) *und eventuell*
Tragt in die Welt nun ein Licht (U 85)

64. Das Musikfest
(Orgel)

Vorbereiten: Eine Flöte und eine Orgelpfeife. – Einen Ort in der Kirche auswählen, von dem die Orgelpfeifen gut zu sehen sind, eventuell auf die Orgelempore gehen.

♫ **Lied zu Beginn:** Gott liebt die Kinder, Refrain (Tr 407)

L. *(zeigt Flöte und Orgelpfeife)*: Wenn du auf der Flöte spielst, klingt das zart und leise. Aus dieser großen Flöte, einer Orgelpfeife, kommt ein kräftiger Ton, der so laut ist, dass ihn alle hier in der Kirche hören können. Und da *(in Richtung Orgel zeigen)* sind ganz viele Flöten, Pfeifen, manche ganz riesig, höher als ein Zimmer zu Hause. Die Leute haben die Orgel so groß gebaut, weil sie sagen, wir möchten unserem großen Gott ein ganz großes Lob singen. Das wollen wir auch:

♫ **Liedvers:** Großer Gott, wir loben dich, Herr, wir preisen deine Stärke!

(Nur diesen Vers von GL 257/eg 331 und einmal wiederholen.) Danach

♫ **Lied:** Gottes Liebe ist so wunderbar (U 32)

Orgelspiel 1 (leise)

L.: An der Orgel sitzt ein Mann (eine Frau), den/die nennt man Organist (Organistin). Der Herr N.N. (Frau N.N.) spielt jetzt einmal leise auf der Orgel. Und sobald er/sie etwas spielt, was wir kennen, singen wir mit!

Danach zum Beispiel

♫ **Liedruf:** Wir bringen Frieden für alle (U 94, Tr 277)

Lesung

Ein Freund von Jesus, der hl. Johannes, hat einmal von der Musik im Himmel geträumt. Hört einmal, was er aufgeschrieben hat:

Ich hörte etwas wie das Rauschen gewaltiger Wassermassen und wie das Rollen mächtiger Donner und den Ruf einer großen Schar, die sangen: „Halleluja! Das Heil und die Herrlichkeit und die Macht ist bei unserem Gott. Preist unsern Gott, alle, die ihn fürchten, Kleine und Große!“ (Offb 19,1.5.6) – Da war im Himmel also ein richtiges Musikfest!

Orgelspiel 2 (laut)

Jetzt überlassen wir einmal der Orgel ein mächtiges Rauschen, ein lautes Danke und Halleluja an unsern Gott. – Danach

♫ **Lied:** Hallelu – Preiset den Herrn (Tr 177)

Die Töne-Freunde

L. *(zeigt noch einmal die Orgelpfeife)*: Schaut mal, diese Pfeife hat oben noch viele Freunde. Die stehen zusammen und müssen alle mitmachen, damit das große Fest gelingt! Nennen wir sie: die Töne-

Freunde. Die halten genauso zusammen wie du mit deinen Freunden und Freundinnen. Jedenfalls ist es dann besonders schön! Mit ihnen zusammen singen wir das

♫ **Schlusslied:** Halte zu mir, guter Gott (U 39)

(Nach einer Idee von Karl-Heinz Rentmeister)

65. Geheimnisvolle Sakristei

Vorbereiten: In der Sakristei überall liturgische Gewänder in den verschiedenen Farben aufhängen oder hinlegen, auch ein Ministrantengewand; evtl. Fahnen usw. mit gut erkennbaren Symbolen; Tresorschlüssel.

1. Station: Vor einem Kreuz

Zuerst begrüßen wir den, der hier wohnt, der hier der Wichtigste ist. Wir singen:

♫ **Lied:** Er rettet dich … (Tr 442)

Wir zeichnen uns das Kreuz gegenseitig auf die Stirn. – Es kann ein kurzes Gebet gesprochen werden, das die Kinder wiederholen.

2. Station: Die Sakristei

Alle stellen sich an der Längswand gegenüber den Schränken auf. L. zeigt auf das weiße Gewand: Das wird angezogen, wenn es etwas Großes zu feiern gibt: Zu Weihnachten, weil Jesus geboren ist, oder zu Ostern, weil er auferstanden ist. Auch wenn die Kinder zur Erstkommunion gehen, tragen sie weiße Gewänder wie dieses hier *(zeigen!)* der Ministranten. Ein weißes Kleid trug vielleicht auch deine Mama, als sie und dein Papa geheiratet haben.
Dieses lila Gewand wird angezogen, wenn jemand traurig ist und weint, wenn zum Beispiel einer auf dem Friedhof ins Grab gelegt wird. Das rote Gewand hier wird getragen, wenn einer Feuer der Begeisterung im Herzen hat wie die Jünger Jesu damals an Pfingsten. Das grüne Gewand soll uns dran erinnern, dass das Gute in uns immer mehr wachsen soll – bis wir Jesus und die Menschen ganz lieb haben … Seht ihr, hier in den Schränken hängen noch viel mehr Gewänder. *(Eventuell zieht L. eins an.)*
Jetzt schließe ich den Tresor auf. Seht mal, wie dick die Tür ist, damit kein Einbrecher sie aufbrechen kann! Hier stehen besonders kostbare Dinge, die sehr wertvoll sind. Seht, ein goldener Kelch;

hier eine goldene Schale und hier eine Monstranz; die ist deshalb so schön, weil in ihre Mitte Jesus als weißes, rundes Brot eingesetzt wird und dann die Menschen segnet. *(Jetzt noch eventuell Symbole auf Fahnen usw. zeigen.)*
♫ **Liedruf:** Danke ... (Tr 964, Melodie von „Amen")

3. Station: Wieder in der Kirche: Vor Maria mit dem Jesuskind
Hier werden ca. drei Kerzen angezündet. Die Kinder nennen Anliegen, die Maria vor das Jesuskind trägt.
♫ **Liedrufe:** Es werde Licht (Lieder C, Nr. 2) *und*
Breite deine Hände aus (Tr 409)

66. Wir sind nur Pilger

(November / Tod / Kommunion)

Vorbereiten: Neben dem Altar die MISSIO-Leuchtbox-Folie Nr. 13/5, die einen Baum im Herbstlaub zeigt. Einen Kastanienzweig bereithalten, an dem noch bunte Blätter hängen, der aber hinter den Blättern schon kräftige Knospen zeigt.

Hinweis: Diese Einheit kann auch im Kindergarten ohne Leuchtbox stattfinden, hat aber im Zusammenhang mit dem Tabernakel ihren besonderen Reiz.

♫ **Liedruf** vor dem Altar: Freut euch alle (Lieder C, Nr. 3)
L. lenkt den Blick der Kinder auf den Baum in der Leuchtbox: Stirbt der Baum jetzt? ... Nein, er treibt im Frühjahr, wenn er lange genug geschlafen hat, neu aus. Es ist, wie bei diesem Kastanienzweig: Hinter den Blättern seht ihr schon kräftige Knospen. Das Leben geht weiter!
Wenn wir alt werden, wird die Haut faltig und die Haare werden weiß; dann ist das wie bei den Blättern, die sich verfärben und dann fallen wollen.
Aber Jesus sagt: Ihr tragt die Knospen in euch, ihr werdet wieder neu. Ihr werdet in die Erde gelegt – ja, das ist traurig, wenn ein Sarg in die dunkle Erde gesenkt wird –, aber es ist wie mit einem Samenkorn, das in die Erde gelegt wird: Es wächst wieder ganz anders neu. Wie es bei Jesus war, als er aus dem Grab auferstand.
♫ **Liedruf:** Alle-, Alleluja, wir werden auferstehn; Refrain (Tr 1085)

Das goldene Haus dort im Altar hat einen schweren Namen, „Tabernakel“ heißt es. Dahinter ist ein Kelch verborgen, darin sind weiße, runde Brotscheibchen. Jesus hat gesagt: „Ihr seid nur Wanderer auf dem Weg in eine andere Welt; ‚Pilger‘ sagt man auch dazu. Der Weg ist weit und deshalb stärke ich euch für den langen Weg mit meinem Brot, mit lebendigem Brot, mit himmlischem Brot.“ *(Hier kann L. unter Umständen den Tabernakel aufschließen – alle knien sich dabei hin, denn: „Keiner ist größer als unser Herr und Gott“ – und den verhüllten Kelch andeutend zeigen, damit das Geheimnisvolle erhalten bleibt.)*
♫ **Liedruf:** Er rettet dich (Tr 442) *(alle stehen wieder auf)*

Ist das nicht wunderbar, dass Jesus sich so klein macht wie ein Stückchen Brot, damit wir ihn in uns aufnehmen können?
♫ **Liedruf:** Gottes Liebe ist so wunderbar (U 32)

(L. zeigt noch einmal auf das Bild in der Leuchtbox:) Wir brauchen also keine Angst zu haben, wenn die Blätter fallen und wenn wir einmal sterben müssen und andere Knospen in uns wachsen, denn Jesus will uns dabei helfen und nie allein lassen.
♫ **Liedruf:** Halte zu mir, guter Gott (U 39)

Geschichten aus dem Alten Testament

Betrachten Sie die folgenden sechs Geschichten als Versuche, die Sie gerne noch kindgerechter umgestalten oder ergänzen können. Weil sie anspruchsvoller sind, erzählen Sie sie bitte den angehenden Schulkindern oder erst in den letzten Wochen des Kindergartenjahres.
Falls Sie in meiner Nähe wohnen, können Sie die vergrößerten bunt gemalten Bilder gerne bei mir ausleihen. Anschrift: siehe Einleitung Seite 9.
Die vier Bilder zum Ausmalen schuf Hilde Müller, D-50126 Bergheim-Paffendorf.

67. Immer höher hinaus?

(Der Turmbau zu Babel)

Hinweis: Der biblische Bericht ist kindgemäß gekürzt und zeitgerecht gedeutet: Unsere Wachstumsgötter erreichen bereits ungeahnte Höhen, aber die Menschen und Gott bleiben auf der Strecke. Was steht höher: das Maschinenherz oder das Menschenherz?

Vorbereiten:

1. Das Bild von Seite 121 vergrößert und bunt ausgemalt mitbringen. Der Anzahl der Kinder entsprechend Schwarzweiß-Kopien in DIN A4 zum Ausmalen, gerollt.
2. Kinder können vorher aus hingelegten Bausteinen einen riesigen Turm bauen. Nach dem Zerstören kann daraus eine Brücke gebaut werden; dafür sollte ein größeres Brett bereitliegen, das später die beiden Grundpfeiler verbindet, damit die Brücke leichter gelingt.

♫ **Lied zu Beginn:** Gott hat die Welt so schön gemacht (Lieder C, Nr. 4)

L. *(zeigt das Bild)*: Einmal kamen die Menschen zusammen und wollten einen riesigen Turm bauen. „Bis in die Wolken soll er reichen", sagten sie, „so hoch, wie noch keiner gebaut hat! Alle sollen neidisch werden. Wir werden berühmt. Überall wird man von uns

sprechen. Wir bauen einen Wolkenkratzer! Das schaffen wir ganz allein. Dabei haben wir Gott nicht nötig!“ Und sie bauten und bauten. Von überall her schleppten sie Steine heran. Sie brannten große Mengen Backsteine, auf anderen hämmerten sie so lange herum, bis sie passten. Der Turm wuchs und wuchs. Schnell und immer schneller musste gearbeitet werden. Von überall her kamen Menschen und staunten über den Turm *(zeigen!)*. Weil es so schnell gehen musste, fiel manchmal ein dicker Stein nach unten *(zeigen!)*. Dann maulten alle und sagten: „Schade um den Stein!“ Einmal rutschte ein Mensch aus, verlor das Gleichgewicht und stürzte in die Tiefe *(zeigen!)*. Da wollten sich einige um ihn kümmern. Aber andere riefen: „Dabei verlieren wir nur Zeit. Baut bloß weiter!“ Das verstanden die Hilfsbereiten nicht: Der Mensch war doch viel wichtiger! Darüber gerieten sie in Streit. Schließlich konnten sie sich nicht mehr verstehen. Sie konnten nicht mehr zusammen arbeiten. Am Turm wurde nicht mehr weitergebaut *(zeigen!)*. Und die Menschen zerstreuten sich in alle Richtungen (nach Gen 11,1–9).

Gespräch mit den Kindern: Habt ihr beim Türme-Bauen auch schon einmal Streit bekommen? Warum? Wie kannst du den Streit beenden?
♫ **Liedruf:** Wir bringen Frieden für alle (U 94, Tr 277)

Die Menschen hatten beim Bauen Gott vergessen; nicht um seinen Segen gebetet, nicht um seinen Schutz. Wir bitten Gott, dass er bei uns bleibt und dass unsere kleinen und großen Turmbauten gelingen:
♫ **Liedruf:** Halte zu mir, guter Gott (U 39)

Jetzt können Kinder beginnen, eine Brücke zu bauen … Vorher aber von ihnen entscheiden lassen, ob der schöne Turm stehen bleiben soll oder nicht.
Die Kinder bekommen das gerollte Bild von Seite 121 zum Ausmalen mit nach Hause.

68. Gott an die erste Stelle setzen
(Mose am Sinai)

Hinweis: Der biblische Bericht ist kindgemäß verkürzt.

Vorbereiten: Das Bild von Seite 124 vergrößert und bunt ausgemalt mitbringen. Der Anzahl der Kinder entsprechend Schwarzweiß-Kopien in DIN A4 zum Ausmalen, gerollt.

♫ **Lied zu Beginn:** Keiner ist größer (Tr 408)

L.: Es lebte einmal ein Mann, der hieß Mose *(zeigen!)*. Er hatte sein ganzes Volk mit seinem Stab in die Wüste geführt *(zeigen!)*. Kein Baum und kein Strauch waren zu sehen. Sie wollten in ein reiches Land mit köstlichem Wasser und duftendem Brot ziehen. Sie wollten vor allem frei sein und nicht mehr für andere – wie für den Pharao in Ägypten – Pyramiden und riesenlange Straßen bauen. Mose war es aber noch wichtiger, dass sie ganz fest auf Gott vertrauten und ihn nicht vergaßen. Darum führt er sie zu diesem Berg. Ein heiliger Berg. Sein Name war „Sinai". Als Mose näher kommt, da donnert und blitzt der Berg, er speit sogar Feuer aus! Da fällt das Volk voller Angst auf die Knie und betet Gott an. Und Mose ruft: „Wollt ihr Gott immer vertrauen und die Menschen lieben?" Da ruft das ganze Volk: *(Na, was meint ihr, was sie gerufen haben?" ... „Ja!" Würdet ihr das auch versprechen? Dann ruft auch einmal laut „Ja!")* „Ja!" Da gibt Gott dem Mose zwei Tafeln aus Stein *(zeigen!)*. Auf der einen steht: „Du sollst mich, deinen Gott, lieben und an die allererste Stelle setzen!" (nach Exodus, Kapitel 20 und 24)
♫ **Liedruf:** Immer auf Gott zu vertrauen (Tr 137)

Auf der anderen Tafel steht: „Du sollst alle Menschen lieben, egal ob sie nun eine andere Hautfarbe haben, arm und krank sind oder böse!" Da seid ihr doch auch dafür – oder? Darum singen wir:
♫ **Liedruf:** Wir bringen Frieden für alle (U 94, Tr 277 Mel.)

Wie schnell aber vergaßen die Menschen, was sie versprochen hatten! Als Mose noch länger auf dem heiligen Berg blieb, da sagten sie zu seinem Bruder, der Aaron hieß: „Vielleicht ist Mose verunglückt und kommt nie wieder. Es ist so langweilig. Komm, gieß uns einen neuen Gott aus Gold, den wollen wir anbeten und umtanzen."

Seht mal *(zeigen!)*, da tanzen sie um ein Goldenes Kalb, das Aaron aus all ihren goldenen Ringen und Ohrringen gemacht hatte.
Da war Gott sehr traurig, weil sie ihr Versprechen gebrochen hatten.
Mose aber, als er wiederkam, war wütend. Er warf die beiden Tafeln gegen einen Fels und sie zerbrachen *(zeigen!)*.
Dann verbrannte er das Goldene Kalb und streute die Asche ins Wasser. Das mussten alle trinken (nach Ex 32).
Würdet ihr auch so schnell alles vergessen: Gott vertrauen und den Menschen neben dir lieben? Wir versprechen es noch einmal in der Sprache Jesu und nehmen uns dabei an die Hände:
♫ **Liedruf:** Hewenu shalom alechem (Tr 277)

Abschluss
Mit der Jesus-Ikone rundgehen. Die Kinder berühren das Heilige Buch, in dem auch steht: „Du sollst Gott vertrauen und die Menschen lieben", und sagen „Danke!" – Die Kinder bekommen das gerollte Bild von Seite 124 zum Ausmalen mit nach Hause.

69. Wie Mauern fallen

(Jerichos Fall)

Vorbereiten: Genügend Holzbausteine, aus denen Kinder während der Wartephase vor dem Gottesdienst eine Burg bauen können. Ein blaues Tuch. Die Bibel.

♫ **Lied zu Beginn:** Du hast uns, Herr, gerufen (GL 505, eg 168)
(vor- und nachsingen)

L.: Sicher habt ihr schon einmal eine echte Burg besucht; dort die dunklen Gänge und dicken Mauern bestaunt und von hohen Türmen geschaut. Ich lege um diese Burg noch einen Wassergraben herum *(L. legt das blaue Tuch um die Mauern)*.

Lesung
Im Heiligen Buch steht eine Geschichte, wie so eine Burg mit dicken Mauern zusammenbrach. Jericho hieß die Burgstadt. Gott wollte seinem Volk das ganze Land schenken, aber dazu mussten

sie erst diese Burg erobern. Wisst ihr, wieso die Mauern umfielen? Das Volk hatte ja gar keine schweren Waffen oder Kanonen, um die starken Mauern zum Einsturz zu bringen! Sie zogen sechs Tage lang je einmal ganz still, mucksmäuschenstill, um die Stadt. Am siebten Tag aber sieben Mal. Und dann bliesen sie plötzlich auf all ihren Musikinstrumenten und sangen machtvolle Loblieder auf Gott – so laut, wie sie konnten. Und was soll ich euch sagen: Da brachen die Mauern auseinander!

Umsetzung

(L. macht eine Faust.) Schaut mal, jetzt habe ich all meine Kraft in diese Faust geballt. Meine Faust ist jetzt eine Burg. Kein Kind hätte so viel Kraft, dass es sie öffnen könnte. Aber wenn du meine Faust streichelst oder kitzelst, dann, ja dann, kann sie sich öffnen!
Jetzt spielst du mal die Burg: Schling deine Arme um dich; kneif die Augen zu; mach ein böses Gesicht! Jetzt bist du wie von einer Mauer umschlossen; da kommt keiner rein, wenn du nicht willst. Aber wenn jetzt die Mama oder der Papa käme, würde dich umarmen, etwas singen oder dir etwas Schönes sagen, dann, ja dann, fallen deine „Mauern“!
(Falls Eltern da sind: Sie wissen ja, die Sie manchmal „Elternbollwerk“ spielen müssen: Wie knackt das Kind Ihre Mauern?)

♫ **Lied:** Kindermutmachlied (Tr 929)

Jesus hat auch Menschen umarmt oder ihnen gute Worte gesagt wie: Freuen dürfen sich alle, die Frieden stiften. Sie werden Söhne und Töchter Gottes genannt! (Mt 5,9) Dann haben ihm die Menschen die Tore ihres Herzens aufgetan. Er hat uns vorgemacht, wie wir es machen können!

♫ **Lied:** Christen, ruft in Freude, hier „Kinder“ statt „Christen“ (Tr 438)

(Nach einer Idee von Detlef Tappen, D-42781 Haan/Rhld.)

70. Gott schaut ins Herz
(Erwählung des kleinen David zum König)

Vorbereiten: Eine prächtige Bibel liegt auf einem Tuch.

♫ **Lied zu Beginn:** Gott hat die Welt so schön gemacht (Lieder C, Nr. 4)

Hinführung
Manchmal werden Kinder, die noch klein sind, weggeschubst mit den Worten: „Du bist noch zu klein“, „Die Tasche ist für dich noch zu schwer“, „Nein, das mach ich lieber selber!“ Jetzt möchtest du gerne mithelfen und dann lassen die anderen dich nicht und du denkst: „Ach, wie lange dauert es noch, bis ich groß bin!“
Dazu steht eine spannende Geschichte im Heiligen Buch *(L. zeigt auf die Bibel in der Mitte)*:

Lesung
Ein Vater hatte acht Söhne. Einer durfte König werden. Da holte der Vater zuerst den Ältesten und sagte: „Der ist es doch!?“ „Nein“, sagte der Mann, der den Sohn zum König salben sollte – dieser Mann war ein Prophet, den Gott geschickt hatte.
Da schob der Vater den zweiten Sohn in die Mitte. Groß und stark sah er aus. „Nein, der ist es auch nicht!“ – Dann rief er den dritten Sohn. Der war besonders schön! Aber der war es auch nicht! – Dann den vierten. Der konnte toll rechnen und schreiben. Aber der war es auch nicht. – Auch nicht der fünfte Sohn, noch der sechste und der siebte. Da sagte der Vater: „Da kann doch etwas nicht stimmen. Ich habe zwar noch einen Sohn, aber der ist noch jung und klein. Der hütet am liebsten die Schafe. Der ist doch noch ein richtiges Kind.“
Da spürte der Mann von Gott, der Prophet: „Der ist es! Holt ihn her, damit ich ihn salbe. Und merke dir: Gott schaut in das Herz eines Menschen und nicht auf das Äußere.“ Und der kleine Junge, David hieß er, wurde vor den Augen seiner großen Brüder zum König gesalbt (1 Sam 16, teilweise nach Wilhelm Willms). –
Ist das nicht toll? So einer ist Gott. Er schaut hinter das schöne Äußere. Er schaut ins Herz. Er kann auch die Kleinen gebrauchen.

♫ **Lied:** Pass auf, kleines Auge (Lieder C, Nr. 7)

Evangelium
Jesus hat auch die Kleinen geliebt. Als die Großen die Kinder wegschicken wollten, da hat er gesagt: „Lasst die Kinder zu mir kommen." Und er hat ihnen die Hände aufgelegt, sie an sich gedrückt und sie gesegnet (Mk 10,13–16).

♫ **Liedruf:** Halte zu mir, guter Gott (U 39)

Abschluss
L. geht herum und legt – wie Jesus – jedem Kind die Hand auf und zeichnet ein kleines Kreuz auf die Stirn.

(Nach einer Idee von Detlef Tappen, D-42781 Haan/Rhld.)

71. Gott ist mit David

Hinweis: Die Geschichte Davids, auch sein Kampf gegen Goliath in 1 Sam 17, ist hier theologisch verantwortbar für 3- bis 7-Jährige umgeschrieben.

Vorbereiten: Das Bild von Seite 129 vergrößert und bunt ausgemalt mitbringen. Der Anzahl der Kinder entsprechend Schwarzweiß-Kopien in DIN A4 zum Ausmalen, gerollt.

♫ **Lied zu Beginn:** Immer auf Gott zu vertrauen, Refrain (Tr 437)
und: Er rettet dich, er rettet mich (Tr 442)

Heute erzähle ich euch noch einmal von David.
Einmal sagte sein Vater zu ihm: „Du musst jetzt eine Zeit lang die Schafe hüten, deine Brüder müssen in den Krieg."
Schafe hüten ist gar nicht so einfach: Lief ein Schaf weg und David rief *(böse rufen)*: „Du sollst herkommen!", dann lief es noch weiter fort. Wenn er aber lockte: „Du bist ein liebes Schaf, komm doch, ich möchte dich streicheln", dann kam es zutraulich zu ihm und ließ sich streicheln *(Nachbarkind streicheln)*. Wenn es dunkel wurde, konnte es gefährlich werden. Dann kamen wilde Tiere, um ein Schaf zu reißen und aufzufressen, zum Beispiel der Wolf, der Bär oder der Löwe. Darum hatte sich David eine Waffe gemacht, eine Steinschleuder. Er legte einen flachen Kieselstein in die Schlaufe, drehte die Schleuder *(pantomimisch vormachen!)* immer schneller

und schneller und ließ eine Seite der Schleuder los. Das hatte er immer wieder geübt. Dann flog der Stein heraus, dem Wolf mitten ins Gesicht *(= Hand aufs Gesicht schlagen, „aua“)*, dass er vor Schmerz heulte *(lärmbetont sprechen!)*. Dann wusste der Wolf: Da passt einer auf die Schafe auf, und er lief woandershin. Solange David die Schleuder drehte, betete er: „Guter Gott! Hilf mir! Lass mich ganz ruhig bleiben. Mit dir habe ich keine Angst.“ Und er blieb dann auch ganz ruhig.
Eines Tages fielen viele Leute mit Waffen über das Land und seine Dörfer her, das war ein Heer von Soldaten. Vorneweg ein Riese, ein ganz großer Mensch. Sie zündeten die Häuser an und töteten die Menschen. Alle hatten große Angst und verkrochen sich. Nur der kleine David nicht. Er hatte ja schon vielen Raubtieren ins Gesicht gesehen.
Jetzt zeige ich euch einmal den Riesen! *(L. zeigt das Bild.)* Das ist der Riese, der Riese Goliath. Schaut mal das Gesicht und die riesige Lanze und erst den Schild und das Schwert. Und überall Eisen, sodass ihn kein Pfeil und kein Schwert verletzen kann. Hinter ihm stehen die anderen Soldaten, ganz viele. Und hier der Junge David. Er hat nur seinen Hirtenstab und seine Steinschleuder. In der Schleuder liegt ein Stein.
Der Riese schrie *(mächtige Stimme imitieren)*: „Wer will gegen mich kämpfen? Ihr Feiglinge! Ich haue euch zu Mus. Da kann auch euer Gott nicht helfen. Den gibt's ja auch gar nicht. Ich kann ihn jedenfalls nicht sehen! Hahaha!“ David ging näher und rief: „Ich will es mit dir aufnehmen. Ich habe schon Wölfe, Löwen und Bären verjagt. Ich werde auch mit dir fertig. Ich lasse nicht zu, dass du Gott verspottest!“ Da erst sah ihn der Riese Goliath und lachte: „Was will denn dieses Milchgesicht da? Geh lieber heim zu Mutti! Ihr nehmt mich wohl nicht ernst? Ich, der größte und stärkste Mann weit und breit. Aus dem Wege, du Weichei!“
David betete *(flüstern)*: „Lieber Gott, hilf mir, diesen gemeinen Riesen zu besiegen! Lass mich ganz ruhig bleiben!“ Er drehte die Schleuder schneller und schneller *(pantomimisch vormachen!)*, ließ plötzlich eine Hälfte los und der Stein sauste dem Riesen unter den Helm genau an die Schläfe *(zeigen!)*. Der verlor die Besinnung, torkelte und krachte dann mit seiner ganzen Rüstung auf den Boden.
Als die anderen Soldaten sahen, dass ihr stärkster Mann gefallen und sogar von so einem schmächtigen Jungen getötet worden war, da liefen sie alle fort in ihr Land, so schnell sie konnten.
David aber betete: „Danke, guter Gott, ich wusste ja, du hilfst mir; du bist bei mir!“ – Wenn Gott die Hand über uns hält, sind wir stärker:

♫ **Liedruf:** Halte zu mir, guter Gott (U 39)

Abschluss
L. geht mit dem Bild im Kreis. Die Kinder streicheln den David und sagen: „Gut gemacht, David!" Wer ganz mutig ist, kann auch den Riesen berühren. (Siehe dazu den Abschluss der Nr. 72, „Daniel".)
Die Kinder bekommen das gerollte Bild von Seite 129 zum Ausmalen mit nach Hause.

72. Daniel in der Löwengrube

Hinweis: Vorliegende Erzählung hält sich nicht genau an Dan 6,2–29, überträgt aber die Gegebenheiten des Buches Daniel in die Vorstellungskraft der 3- bis 7-Jährigen.

Vorbereiten: Das Bild von Seite 133 vergrößert und bunt ausgemalt mitbringen. Der Anzahl der Kinder entsprechend Schwarzweiß-Kopien in DIN A4 zum Ausmalen, gerollt.

♫ **Lied zu Beginn:** Halte zu mir, guter Gott, *mit Bewegungen* (U 39)
oder: O Herr, wir rufen alle zu dir (Tr 432)

L.: Heute möchte ich euch von einem mutigen jungen Mann erzählen. Er hieß Daniel. Der hatte nicht einmal Angst vor grimmigen, hungrigen Löwen! *(L. zeigt das Bild.)* Seht ihr die gefährlichen Löwen, die jeden zerreißen, der in ihren Käfig steigt? Die zerreißen manchmal sogar einen Dompteur, wenn er nicht aufpasst. Aber hier *(zeigen!)* sitzt Daniel. Daniel ist ruhig geblieben; er ist ganz ohne Angst; er betet. – Ich werde euch die ganze Geschichte erzählen, eine Geschichte aus dem Heiligen Buch:
Da war einmal ein König. Er ließ eines Tages in seinem großen Reich verkünden: „Ihr dürft nicht mehr zu Gott bitten oder beten! Ihr dürft nur noch mich, den mächtigsten König der Welt, um etwas bitten. Und wehe, wenn sich einer vor Gott niederkniet! Der wird in die Löwengrube geworfen! Verstanden!?"
Nun gab es damals welche, die waren neidisch auf Daniel. Daniel war klug und weise; der konnte sogar sagen, was Träume bedeuten.

Keiner war so besonnen wie er. Daniel wusste: Ich darf nur Gott anbeten und mich nur vor ihm hinknien. Darum betete er weiter so wie immer. Seine Feinde schlichen sich näher; sie schauten durch die Gardinen; sie sahen ihn auf den Knien bitten und beten. Da liefen sie zum König und verpetzten Daniel. Sie sagten: „Der betet immer noch! Der muss in die Löwengrube; der hat deinen Befehl nicht befolgt." Da wurde der König traurig, denn er mochte Daniel. Aber Befehl ist Befehl! Daniel wurde verhaftet und in die Löwengrube geworfen. Alle dachten, jetzt zerreißen ihn die Löwen. Doch Daniel wusste, ich habe ja alles richtig gemacht; ob die Löwen mich fressen oder nicht, ich habe alles richtig gemacht! Und er betete zu Gott: „Herr, hilf mir! Halte deine Hand über mich und um mich herum!" Daniel strahlte eine große Ruhe aus. Er wusste sich von Gott beschützt. Auch die hungrigen Löwen spürten: Der hat gar keine Angst vor uns. Da war etwas Unbeschreibliches, was sie abhielt, ihm etwas anzutun. Schaut mal auf das Bild: Die Löwen liegen ganz harmlos um Daniel herum. Sie haben ihn nicht zerrissen!
Nach ein paar Stunden kam der König *(evtl. zeigen)* wieder zur Löwengrube und dachte, jetzt ist Daniel tot. Die Löwen haben ihn angefallen. Aber wie staunte er: Daniel lebte! Die Löwen waren ganz friedlich. Da wusste der König: Das geht nicht mit rechten Dingen zu. Das gibt es nur, wenn ein gewaltiger Gott ihn schützt. Ein Gott – mächtiger als jeder König. Sofort ließ der König Daniel an einem Seil herausziehen. Und er warf all die hinein, die Daniel verpetzt hatten.
Das ist die Geschichte von Daniel. Der hat es richtig gemacht. Wir dürfen nie einen Menschen anbeten!

♫ **Lied:** Keiner ist größer als unser Herr und Gott, mit Strophen (Tr 408)

Abschluss

Mit dem Bild rundgehen. Die Kinder können Daniel streicheln und sagen: „Du hast es richtig gemacht!" *(Flüstern:)* Ihr dürft aber auch – wer ist so mutig? – einen Löwen berühren. (Bei denen, die es wagen – viele tun es – die Zeichnung ruckartig bewegen: Die Kinder zucken etwas zurück und – lachen.)
Die Kinder bekommen das gerollte Bild von Seite 133 zum Ausmalen mit nach Hause.

Verschiedenes

73. Was alles in uns steckt

Vorbereiten: Eine Babuschka (auch Matrjoschka, russisch) = Holzpuppe mit bis zu acht oder neun ineinander gesetzten kleineren Puppen. Im Handel erhältlich. Ein Tuch.

Vorbemerkung: In jedem von uns stecken Abel und Kain, Clown und Trauerkloß, Vulkan und Mauerblümchen, Weichling und Sadist.
Es ist eigentlich eine Katechese für Ältere. Doch den Kindergartenkindern macht es schon Spaß, dass immer wieder neue Puppen zum Vorschein kommen, obwohl sie solche Babuschkas meistens schon gesehen haben oder gezeigt bekamen.

♫ **Lied zu Beginn:** Wir bringen Frieden für alle (U 94, Tr 277, Mel.)

L. *(hält die Babuschka vor sich)*: Das ist die Hanna oder der … *(jetzt ein paar Namen aus der Runde nennen)*. Mal sehen, was alles in ihr steckt *(L. macht Puppe auf und zeigt das lächelnde Gesicht)*.
Manchmal ist sie wie ein ***Engel***: Sie hilft, räumt auf … *(L. setzt die beiden äußeren Teile auf das Tuch.)* Manchmal ist sie ein ***Bengel***: Sie stampft auf den Boden, schreit nein, will nicht helfen, ein richtiges Teufelchen.
Das ist die Hanna. Mal sehen, was noch weiter in ihr steckt (*öffnet die Puppe und legt wieder einen Teil auf das Tuch)*.
Manchmal ist sie ***fröhlich***, sie singt und lacht; ab und zu ein richtig kleiner Clown, gut gelaunt … *(L. legt wieder einen Teil ab)*; dann ist sie wieder ***traurig***, weint sogar, schließt sich ein *(wieder ablegen)*.
Mal sehen, was noch in ihr steckt! Manchmal ist sie ganz ***still***, kann sich stundenlang allein beschäftigen, ist lieb, leise wie ein Mäuschen, möchte schmusen …, *(Teil ablegen)*, dann ist sie plötzlich ***wild*** wie ein Tiger; rennt ein anderes Kind um, ohne ihm aufzuhelfen … *(ablegen; hält das letzte Püppchen in der Hand)*!
Das ist die Hanna! Manchmal legt sie auch die Hände zusammen und betet: „Danke, guter Gott, für die Mama und den Papa und das Brot auf dem Tisch …“ *(Wenn noch ein weiteres Püppchen vorhanden ist, meint es die Hanna, die nicht beten will.)*

♫ **Lied:** Halte zu mir, guter Gott (U 39)

Jetzt helfen Kinder, die benannt werden oder sich melden, die Puppen wieder in der richtigen Reihenfolge zusammenzusetzen; für manche Kinder nicht so einfach!
Zum Schluss sagt L.: Das war die Hanna. So wie du und ich. Was alles in ihr drinsteckt!: der Engel und der Bengel, das Fröhliche und das Traurige, das Stille und das Wilde und auch, dass sie die Hände falten kann! (Jesus sagt: Ich liebe dich, so wie du bist!)

Abschluss
Die Babuschka von Hand zu Hand rundgehen lassen.

74. Rabe Jakob und die Blumen
(Frühling / Schöpfung)

Vorbereiten: Handpuppe „Rabe Jakob" (siehe Seite 13); Gartenschürze, Gießkanne; Tüte mit Blumensamen; ein seidener Fallschirm. Eventuell nachher: kleine Blumentöpfe mit Fingerfarbe bemalen.

♫ **Lied zu Beginn:** Du hast uns deine Welt geschenkt (U 14)

Spielszene

J. = Handpuppe „Rabe Jakob"; L. = Leiter/in

L. zieht eine Gartenschürze an, nimmt die Gießkanne und die Tüte mit Blumensamen, „pflanzt" die Körner in den Boden und erzählt, was sie/er da macht.
J.: *(kommt angeflogen)* Hallo, N.N., was machst du denn da?
L.: Ich will den Garten bepflanzen. Es ist jetzt so schönes Wetter; alles beginnt zu wachsen …
J.: *(sieht die Samenkörner)* Oh toll! Und mir hast du was zu fressen mitgebracht? Mh, Körner esse ich doch am liebsten …
L.: Halt, das ist kein Rabenfutter! Das sind Samenkörner!
J.: Samenkörner? Was ist denn das?
L.: Jakob, hast du dir noch nie überlegt, woher die Blumen kommen? (L. erklärt: Im Winter gibt es keine Blumen. Man muss Samen in die Erde legen. Die Samenkörner schlafen in der Erde, so-

lange es kalt ist. Dann kommt die Sonne und die Samenkörner wachen auf; ganz langsam wächst eine Pflanze aus dem Korn, streckt sich aus der Erde heraus. Wenn es regnet und die Sonne wärmt, wächst sie weiter, bekommt Blätter und zum Schluss eine Blüte.)

♫ **Liedruf:** Gottes Liebe ist wie die Sonne (U 33, Tr 5)

Nachspielen mit den Kindern: Wie wachsen Blumen?
Die Kinder krabbeln unter einen großen Fallschirm: Das ist die Erde *(der Stoff wird von den Eltern in niedriger Höhe über dem Boden gehalten)*.
L.: Ihr seid jetzt die Samenkörner. Ihr seid bedeckt mit Erde. Es ist kalt. Die Samenkörner schlafen.
Es wird warm *(ein bisschen bewegen; vorsichtig eine Hand rausstrecken, ob es auch warm genug ist; dann den ganzen Arm rausstrecken; dann rauskriechen und aus der Hocke langsam aufstehen. Arme nach oben, der Sonne entgegenstrecken. Zum Schluss geht die Blüte auf; alle lächeln)*.

Auslegung
Seht ihr, Gott macht, dass im Frühling die Blumen wachsen und groß und wunderschön werden. Genauso ist das auch mit uns Menschen. Wir waren auch alle ganz klein–wie die Samenkörner. Dann hilft Gott uns, dass wir wachsen und immer größer werden. Und Gott ist dabei wie die Sonne, die uns wärmt, und er passt gut auf uns auf, damit wir wie die Blumen groß werden und aufblühen. Und Gott freut sich über uns, wenn er sieht, wie wir immer größer und stärker werden.

(Anke Krauß, Köln, und Annette Tschakert, Bergheim)

75. Jesus – die Sonne (und der Regen)
(Frühling)

Vorbereiten: Eine Sonne, eine Wolke; einen Sonnenstrahl für jeden.

L.: Draußen ist es noch sehr kalt. Darum lege ich eine Sonne in die Mitte. Was geschieht, wenn ihre Strahlen draußen stärker werden? (Blumen, Käfer, Würmer kommen aus der Erde)

Wir brauchen noch etwas, damit die Pflanzen, Blumen und Bäume wachsen können!? ... Den Regen! Denn Pflanzen und Tiere und wir alle müssen trinken können, um zu leben. *(L. legt die Wolke neben die Sonne.)*
Das alles hat Gott uns geschenkt.

♫ **Lied:** Die Sonne hoch am Himmelszelt (Tr 408)
oder: Die Sonne, der Regen (T.: R. Krenzer; M.: L. Edelkötter, Impulse-Musikverlag, Drensteinfurt)

L.: Jesus hat gesagt: Ich bin auch wie eine Sonne. Eine, die es in uns drin warm und froh und lebendig macht. Und einer Frau, die an einem Brunnen Wasser holte, hat er einmal gesagt: Ich schenke dir lebendiges Wasser, das in dir wie zu einer sprudelnden Quelle wird (Joh 4,14).

♫ **Liedruf:** Gottes Liebe ist wie die Sonne (U 33, Tr 5), besonders die 1. Strophe: Streck dich ihr entgegen *(wir strecken die Arme nach oben zur Sonne) ...*

Seht mal, selbst wenn ich die Wolke über die Sonne halte *(L. zeigt es kurz.)* und nur den Regen spüre, weiß ich doch, dass die Sonne noch da ist.
(Hier kann L. die Jesus-Ikone auf Sonne und Regenwolke legen.)
Jesus braucht auch dich. Er braucht Kinder, die die Blumen und die Tiere lieben und beschützen und Menschen froh machen. So wirst du ein Sonnenstrahl von Jesus.
(Jetzt bekommt jedes Kind, das möchte, einen Sonnenstrahl und legt ihn an die Sonne bzw. in die Verlängerung eines gelegten Strahls, damit die Strahlen weit in den Raum ragen.)
Seht, jetzt ist die Sonne noch viel wärmer. Jetzt ist es für alle noch schöner.

♫ **Lied:** Die Erde ist schön (Tr 774)
oder: Freut euch alle (Lieder C, Nr. 3)

Es kann sein, dass sich gleich wieder welche zanken und streiten; dann wird es schnell wieder kalt hier. Wer weiter Sonnenstrahl bleiben will, der hebt jetzt seinen Sonnenstrahl auf, bringt ihn mir und sagt: „Ich will Sonnenstrahl sein!“ Dann können wir zum Schluss singen:

♫ **Lied:** Wir bringen „Sonne“ für alle, statt „Frieden“ „Sonne“ (U 94) (nach der Melodie „Hevenu shalom alechem“, Tr 277)

76. Die Sonne scheinen lassen
(Sonne)

Vorbereiten: Ein gelber Kreis aus Tonpapier als Sonne. Gelbe Sonnenstrahlen, evtl. für jedes Kind einen.

♫ **Lied zu Beginn:** Du hast uns deine Welt geschenkt (U 14)

L. *(deutet auf den gelben Kreis):* Was könnte dieser Kreis darstellen?...
Wir wollen einmal die Sonne spielen.
(Die Kinder bilden einen Kreis um die Sonne.)
Wir ducken uns und ziehen die Köpfe ein, denn noch ist von der Sonne nichts zu sehen.
Langsam wird es heller *(nur die Köpfe nach oben strecken).* –
Jetzt wird es Morgen. Die ersten Sonnenstrahlen streicheln die Erde *(Kinder stehen langsam auf und fassen sich an den Händen).* –
Die Sonne steigt höher und höher. Mittags strahlt sie am hellsten *(Hände über den Kopf halten).* –
Die Sonne scheint bis in die hinterste Ecke!
(Kinder gehen langsam auf der Kreislinie.) –
Am Nachmittag scheint die Sonne nicht mehr so hell *(Hände herunternehmen).* –
Langsam wird es dunkel. Es wird Abend *(Kinder gehen wieder in die Hocke).* –
Die Sonne ist untergegangen. Es ist Nacht *(die Kinder ducken sich).* –
Morgen wird die Sonne wieder scheinen!

♫ **Liedruf:** Gottes Liebe ist wie die Sonne (U 33, Tr 5)

Gespräch mit den Kindern: Wie fühlst du dich, wenn die Sonne scheint? ...
Froh, glücklich, zum Singen aufgelegt ...
(Bei jeder Antwort einen Sonnenstrahl um die Sonne legen.)

Evangelium
Jesus möchte, dass wir auch solche Sonnenstrahlen sind. Er sagte einmal: Ihr seid das Licht der Welt. Euer Licht soll vor allen Menschen leuchten (Mt 5,14a.16a).
Wer möchte Jesus helfen? Denen schenke ich einen Sonnenstrahl!

♫ **Lied:** Ich schenk dir einen Sonnenstrahl (T.: R. Krenzer; M.: D. u. L. Jöcker, Menschenkinder Musik-Verlag, Münster)

(Die Kinder können sich von den Eltern ihren Namen auf den Sonnenstrahl schreiben lassen. Dazu müssten ausreichend Wachsmalstifte bereitliegen.)

(Nach einer Idee von Christine Willers-Vellguth, D-52076 Aachen)

77. Danke, Mutter!

(Muttertag / Maria)

Vorbereiten: Ein großes Tuch; ein Kochlöffel; ein buntes Pflaster; ein Kuscheltier; ein Kopfkissen; ein Bild von Maria mit dem Jesuskind, das sich an seine Mutter schmiegt.

Lied zu Beginn: Wir bringen Frieden für alle (U 94)

L. *(breitet ein großes Tuch aus)*: Ich habe ein paar Gegenstände mitgebracht, die zeigen, wie wichtig eine Mutter ist. *(L. legt sie nacheinander auf das Tuch.)*

- Hier ein Kochlöffel. Mutter kann so gut kochen! Was schmeckt dir denn am besten? *(Vorsicht bei den angegebenen Fragen: Die Runde nicht zerreden lassen!)*
- Hier ein Pflaster. Wenn du dich verletzt hast und blutest, läufst du zur Mutter. Was hat die Mutter bei dir schon „verklebt"?
- Hier das Kuscheltier. Wenn dich einer geärgert hat und du ganz traurig bist, wohin gehst du dann und lässt dich trösten? Was sagt die Mutter dann?
- Hier ein Kissen. Wenn du abends im Bett liegst und du hörst es irgendwo knacken oder der Wind pfeift ums Haus, wen rufst du dann? Und was macht sie dann? (Eventuell kommt hier auch der Vater zum Zuge!)
- Weißt du noch etwas, was die Mutter alles kann? Wir singen ihr ein Danklied!

♫ **Liedruf:** Danke, nach dem Spiritual „Amen" (Tr 964)

Jesus hatte auch eine Mutter *(Bild zeigen)*. Schaut mal, wie Jesus sich bei ihr ankuschelt … Sie hat auch einen ganz weiten Mantel.

Da passen wir alle drunter. Darum singen wir:
♫ **Lied:** Maria, breit den Mantel aus (GL 595)
oder: Mutter Gottes, wir rufen zu dir (Lieder C, Nr. 6)

(Nach einer Idee von Rosa Rosenfellner, A-3352 St. Peter/Au)

78. Bei Gott – wie ein Vogel im Nest

(Gott / Geborgenheit)

Vorbereiten: Utensilien zum Bauen eines Nestes (s.u.); Handpuppe „Rabe Jakob" (siehe Seite 13). Falls gebastelt wird, siehe unten.

♫ **Lied zu Beginn:** Du hast uns deine Welt geschenkt (U 14)
oder: Er hält mein Leben in der Hand (Tr 973 oder 974)

Spielszene

J. = Handpuppe „Rabe Jakob"; L. = Leiter/in

J.: *(kommt, hat ein Ästchen in den Federn; begrüßt die Kinder, gähnt)*
L.: Hallo, Jakob, wo kommst du denn her?
J.: Hä?
L.: Ja, schau mal, du hast ja einen Ast in deinen Federn stecken. Wo kommt der denn her?
J.: Ein Ast? Na so was! Der muss wohl von meinem Nest sein.
L.: Von deinem Nest?
J.: Ja, klar, mein Nest.
L.: Was machst du denn in einem Nest?
J.: Also, N.N., das ist ja eine dumme Frage! Schlafen natürlich und kuscheln und träumen! Ja, hast du denn kein Nest?
L.: Nein, ich habe kein Nest.
J.: Du Arme/r! Ein Nest ist doch der schönste Platz auf der Welt.
L.: Erzähl doch mal von deinem Nest! Wie sieht es denn aus?
J.: Hoch oben im Baum ..., außen mit Ästen, innen ganz weich ... Der Wind schaukelt es hin und her ... Man braucht dort vor nichts Angst zu haben ... Man fühlt sich so richtig geborgen. Am besten, wir bauen mit den Kindern zusammen hier ein Nest. Dann siehst du, was ich meine.

1. Aktion

- Kinder und Eltern bauen ein Nest. Decken werden als Ring gelegt; mit Ästen außen verkleidet; innen liegt ein Fell, mit bunten Federn dekoriert.
- Jakob legt sich in das Nest; die Kinder, die wollen, können auch Probe liegen.

♫ **Lied:** Alle singen wir .... (Tr 424), darin die 2. Strophe: Wie ein Vögelein ...
oder Wie ein Vogel im Nest, so sind wir bei dir, 1. Strophe (Tr 109)

2. Aktion: Gebet mit Bewegungen

(Eltern sitzen auf Stühlen und haben die Kinder auf dem Schoß)

Bei Gott ist es wie in einem Nest,
weil er uns nie alleine lässt.
Und rüttelt der Sturmwind noch so schwer
den ganzen Baum hin und her,
streck du ruhig Arme und Beine aus,
aus diesem Nest fällst du nicht heraus.

(Nach Christiane Dusza)

Kurzes Wort an die Eltern

Geborgenheit erleben wie in einem Nest ist für Kinder besonders wichtig; nur dann können sie sich später selbst geborgen fühlen und anderen Geborgenheit schenken. Dann fällt es ihnen auch leichter, sich in Gott geborgen zu fühlen. Das ist jedenfalls sein Angebot an die Kinder und uns.

♫ **Liedruf:** Immer auf Gott zu vertrauen (Tr 437)

Aktion zum Schluss

Für alle Kinder aus Eierkarton Nestchen ausschneiden und eine Feder aus dem großen Nest reinkleben.

(Anke Krauß, Köln, und Annette Tschakert, Bergheim, nach einer Anregung und der Bastelidee aus M. Hofmann/V. Kreß/G. Siegel: „Mama, es glockt!“, Kösel-Verlag, München 1996)

79. Wie groß sind Gottes Hände?
(Gott)

Vorbereiten: Die Kinder bringen ihre Kuscheltiere mit. Handpuppe „Rabe Jakob" (siehe Seite 13). Die TeilnehmerInnen drücken vorher mit Fingerfarbe ihre Hände auf ein Laken, das in Zukunft als „Altartuch" verwendet werden kann.

♫ **Lied zu Beginn:** Er hält die ganze Welt in seiner Hand (Tr 973 oder Tr 974 mit jeweils anderen Texten)

Spielszene

J. = Handpuppe „Rabe Jakob"; L. = Leiter/in

J.: *(bewundert die Handabdrücke auf dem Laken. Welcher Abdruck gehört welchem Kind? Wie klein die sind …)* Sag mal, N.N., wie groß sind eigentlich Gottes Hände?
L.: Oh, Gottes Hände? … Wieso?
J.: Ja, wir singen doch, dass Gott Oma und Opa und Papa und Mama und dich und mich und das Baby *(und die ganze Welt)* in seiner Hand hält. Da muss Gott doch sehr, sehr große Hände haben – oder?
L.: Wie groß Gottes Hände sind? Das ist schwierig, Jakob, denn man kann Gott ja gar nicht sehen; man kann ihn nur fühlen.
J.: Eben!
L.: Und dass Gott uns alle in seiner Hand hält, das stimmt, aber dafür braucht Gott gar keine besonders großen Hände.
J.: Keine besonders großen Hände?
L.: Schau, Jakob, hier ist dein Kuscheltier *(nimmt kleines Kuscheltier vom „Altar")*. Halt es mal fest!
J.: Au ja! *(nimmt Kuscheltier in den Schnabel)*
L.: Was kannst du jetzt damit machen?
J.: Ich kann damit spielen.
L.: Und wenn jetzt ein Kind kommt und es dir wegnehmen will?
J.: Dann halte ich mein Kuscheltier ganz, ganz fest und, und …
L.: Halt, Jakob, das reicht. Sag, *warum* hältst du dein Kuscheltier denn so fest?
J.: Weil das *mein* Kuscheltier ist und ich mag es so gerne.
L.: Jakob, so ist das auch mit uns und Gott. Wir gehören Gott und Gott hat uns lieb. Und dass Gott uns in seiner Hand hält, bedeutet, dass Gott so auf uns aufpasst wie du auf dein Kuscheltier.

J.: Hm, das ist schön!

L.: Kinder, haltet mal alle eure Kuscheltiere hoch! Und jetzt haltet sie mal ganz fest! Seht ihr, so lieb hat Gott uns!

♫ **Liedruf:** Halte zu mir, guter Gott (U 39)

(Anke Krauß, Köln, und Annette Tschakert, Bergheim, nach Genhild Kröger, Praxisbuch Kleinkinder-Kreis, Hänssler-Verlag, Stuttgart 1996)

80. Verschieden, aber miteinander verbunden

(Gemeinschaft)

Vorbereiten: Eine Collage mit einer Vielzahl von Menschen verschiedenster Herkunft und unterschiedlichen Alters. Auf einer Papierbahn sind ein oder mehrere Weinstöcke gemalt; die Zweige mit Blättern werden später durch die Handabdrücke der Kinder eingefügt. Fingerfarbe für die Handflächen liegt bereit; auch Küchenpapier, auf dem die Kinder einen allerersten Handabdruck probieren können und von dem überschüssige Farbe aufgesaugt wird.

♫ **Lied zu Beginn:** Gott liebt die Kinder, Refrain (Tr 407)
oder: Lasst uns miteinander, Kanon (U 65, Tr 152)

L.: Schaut mal auf das Bild! So viele verschiedene Menschen und noch mehr gibt es. Was ist da alles verschieden? ... Schaut euch einmal im Kreis um: Wir sind alle verschieden! ...

Evangelium

Denkt einmal an einen großen Baum mit vielen Ästen, Zweigen und Blättern. So etwas meinte Jesus, als er einmal sagte:
Ich bin der Weinstock und ihr seid meine Zweige, meine Rebzweige. Wer mit mir verbunden bleibt und ich in ihm, der bleibt am Leben und wird immer kräftiger; ja, der bringt reiche Frucht. Ich trage euch auf: Habt euch auch untereinander so lieb, genauso wie ich euch lieb habe. Dann seid ihr meine Freunde! (nach Joh 15,5.12.14).

Aktion

Was Jesus meint, das wollen wir jetzt spielen: Die Kinder bekommen etwas Fingerfarbe auf die Hand und drucken sie als Blätter an den Weinstock. In Jesus sind wir untereinander verbunden, so verschieden wir auch sind. (Mit der Taufe fing es schon an!)

(Nach einer Idee von Detlef Tappen, D-42781 Haan)

♫ **Lied:** Wir bringen Frieden für alle (U 94, Tr 277, Mel.)
oder: Einer hat uns angesteckt, Refrain (Tr 8)
oder: Die Erde ist schön (Tr 774)

81. Frieden schaffen

Vorbereiten: Sack mit Holzklötzen zum Turmbauen.

L. „wirft“ Sack in die Mitte.

♫ **Lied:** Die Erde ist schön (Tr 774)

L.: Aber nicht immer ist die Erde schön! Da gibt es Menschen, die schießen auf andere, die schlagen sich blutig, die beschimpfen sich mit hässlichen Wörtern … Aber die saßen auch mal alle so brav im Kindergarten wie ihr jetzt!
Richtig, manchmal habt ihr auch schon geschlagen, gekratzt, gespuckt, gebissen und an den Haaren gezogen, sodass es dem anderen richtig wehtat! Manche haben deshalb geweint!
Ich bin mir aber sicher, heute sind hier nur Kinder, die zu anderen freundlich sein wollen. Jesus hat ja auch gesagt: „Liebt einander!“, dann ist alles viel schöner. Wir zeigen mal auf Jesus (in der religiösen Ecke) und singen:
♫ **Lied:** Wir bringen Frieden für alle (U 94, Tr 277, Mel.)
oder: Gib uns Frieden jeden Tag (U 28, Tr 284)

Mal sehen, ob das stimmt *(L. schüttet alle Bausteine aus dem Sack)*.
Ich brauche Kinder, die ohne Zanken einen Turm bauen.
(Das geht mustergültig vor sich; die Kinder zeigen ihre „Schokoladenseite“. Für das Fundament des Turmes am besten größere Kinder einbinden. Nach jeder Fertigstellung klatschen. Die Anzahl der Kinder kann von Turm zu Turm auch gesteigert werden; jedenfalls sollten sich alle einmal betätigen.) Zuletzt halten wir uns an den Händen und singen noch einmal in der Sprache Jesu:

♫ **Lied:** Hevenu shalom alechem (Tr 277)

Abschluss
L.: Friedliche Kinder können auch ganz ruhig sein. Ich gehe rund und lege jedem eins dieser Bauklötzchen auf den Kopf. Es fällt nicht herunter, wenn du dich nicht bewegst!

82. Wir knüpfen ein buntes Netz des Miteinanders
(Frieden / Gemeinschaft)

Vorbereiten: Bunte Fäden von ca. einem Meter Länge, die zu Beginn ausgeteilt werden, für jedes Kind. Jesuskerze.

♫ **Lied zu Beginn:** Die Erde ist schön (Tr 774)
oder: Viele kleine Leute, Kanon (U 89)

L.: Die Erde ist aber nur schön, wenn die Menschen sich vertragen und keinen ausschließen. Es gibt so viele verschiedene wie eure Fäden: rote, gelbe …

Geschichte
Es lagen einmal viele bunte Fäden wie ein Netz um das Dorf „Farbenfroh“. Die Fäden waren so dicht beieinander, dass nichts Böses von außen in das Dorf hineindringen konnte. Von oben strahlte die Sonne; alle hatten Zeit füreinander; alle waren froh und zufrieden. Bis eines Tages einer sagte: „Die Menschen in der großen Stadt dort hinten leben noch viel glücklicher als wir! Die sind auch viel reicher!“ Und sie schauten nach den bunten Lichtern der Stadt, die abends verführerisch herüberleuchteten.
Da wurden viele neugierig, nahmen ihre Scheren, schnitten Löcher in das bunte Netz der Fäden und eilten zur Stadt. Ja richtig, da standen größere Häuser und die Straßen waren breiter, aber die Menschen dort eilten alle hin und her und hatten keine Zeit.
Nun wollten auch die Leute im Dorf „Farbenfroh“ größere Häuser und breitere Straßen bauen. Bald hatte auch hier keiner mehr Zeit: Die Kinder waren abends allein, weil die Eltern nur arbeiteten oder in die große Stadt wollten. Auch die alten Menschen warteten und warteten, dass sie einer besuchen käme. Und wie sah das bunte

Netz um das Dorf „Farbenfroh“ herum aus! Es war überall durchlöchert; nur hier und da hielt es noch.
Manche merkten das und waren traurig. Wieder andere aber taten sich zusammen und knüpften das eine oder andere Loch wieder zu. Wenn das gelang, war alles wieder viel schöner. Und immer mehr Bewohner träumten davon, dass das bunte Netz eines Tages wieder um das ganze Dorf gespannt wäre – vielleicht sogar um die große Stadt.

(Stark verkürzt und leicht verändert nach einer Erzählung von W. Bruners)

L.: Wer auf Gott vertraut, darf es immer wieder neu versuchen:
♫ **Lied:** Immer auf Gott zu vertrauen, Refrain (Tr 437)

L.: Ich suche welche, die helfen, das Netz auch bei uns zu knüpfen. Wer *rote* Fäden der Liebe einknüpfen will, der hebt sie mal hoch: Ja, das heißt: Ich habe Zeit; ich höre dir zu.
Die *blauen* Fäden sagen: Ich vertraue dir. Und auch: Auf mich kannst du dich verlassen! – Wer mitmachen will, hebt sie hoch!
Die *grünen* Fäden bedeuten Hoffnung: Ich helfe dir. Darauf darfst du hoffen. – Wer macht mit?
Die *gelben* Fäden sagen: Ich möchte wie ein Sonnenstrahl sein, Freude und Friede bringen. – Wer mitmachen will, hebt sie hoch!
Die *lila* Fäden sagen: Ich werde alle trösten, die weinen. Ich verzeihe dir, wenn du mich traurig gemacht hast. – Wer macht mit?
♫ **Lied:** Wir bringen Frieden für alle (U 94, Tr 277, Mel.)

Evangelium

Jesus hat gesagt: „Alles, was du gerne möchtest (dass man dich gern hat, dich tröstet, dich mitspielen lässt, dir hilft …), das tu zuerst den anderen.“ Und was du nicht willst, dass es dir einer antut, das mach auch nicht bei den anderen! (nach Mt 7,12: Die goldene Regel).

Aktion

Wir legen einmal ein Netz mit all den bunten Fäden auf den Boden *(Erwachsene und Erzieherinnen helfen dabei)*. Mitten hinein stellen wir dann die Jesuskerze.

♫ **Schlusslied:** Kindermutmachlied (U 55, Tr 929)
oder: Lasst uns miteinander, Kanon (U 65, Tr 152)

(Nach einer Idee bei Wilfried Röhrig, Viele bunte Fäden. Thematische Kinder- und Familiengottesdienste, Lahn-Verlag, Limburg 2000, S. 81–90)

83. Rucksack packen vor den Ferien

Vorbereiten: Ein Rucksack mit den unten angegebenen Gegenständen. Für jeden eine Karte mit einer blühenden Blumenwiese, z.B. „Wiesenblumen" von Fotokunst Groh, D-82237 Wörthsee, Bestellnummer 2301 481 (s. Abb.) oder 2301 489.

♫ **Lied zu Beginn:** Die Erde ist schön (Tr 774)

L.: Bald gibt es Ferien. Die meisten fahren dann irgendwohin in den Urlaub. Vorher geht's ans Rucksackpacken. Mal sehen, was in diesem hier alles drin ist. *(Jetzt weitgehend die Kinder ins Gespräch einbeziehen.)*

- Eine *Taschenlampe:* Wozu ist die denn nötig? ...
- Ein *Kuscheltier:* Warum das denn? ...
- Ein *Bilderbuch* zum Vorlesen: Mama oder Papa ganz für sich haben!
- *Spiele:* Zum Beispiel „Mensch ärgere dich nicht!" Schön, mit den anderen zu spielen; schöner als Fernsehen. Aber auch das Verlieren-Können lernen!
- Eine *Lupe,* um genauer hinzusehen und noch mehr zu staunen über einen Käfer, einen Grashalm, einen Blumenkelch ...

Evangelium

Jesus sagte einmal: Seht euch die schönen Vögel unter dem Himmel an und die herrlichen Blumen, die auf den Wiesen wachsen. Für all die sorgt mein Vater im Himmel. Darum vertraut zuerst ihm und macht euch nicht zu viele Sorgen ums Essen und Trinken und was ihr anziehen sollt (vgl. Mt 6,25–33).
(Möglich ist hier auch das Evangelium aus Nr. 84: Gott liebt dich mehr als die Blumen.)

♫ **Liedruf:** Gottes Liebe ist so wunderbar (U 32)

L.: Noch etwas habe ich im Rucksack: Einen Schutzengel (oder ein kleines Bronzekreuz); Gott möge uns auf der Reise beschützen.
♫ **Lied:** Halte zu mir, guter Gott (U 39)
Was würdest du noch einpacken? …

Eventuelle **Fürbitten** zum Thema: Lass uns dankbar mit den Pflanzen, Tieren, Menschen umgehen; lass uns alle wieder gesund zurückkommen.

Abschluss
Alle bekommen eine Postkarte, die eine herrliche Blumenwiese zeigt.

(Teilweise nach einer Idee des Kindergartens St. Theresia in D-96224 Burgkunstadt)

84. Gott liebt dich noch mehr als die Blumen
(Sommer / Ferien – Mt 6,25–33)

Vorbereiten: Jeder bringt eine Blume mit, die zunächst neben den Stuhl gelegt wird. Eine sehr große Sonne; Jesuskerze. Eine Vase für die Blumen.

♫ **Lied zu Beginn:** Die Erde ist schön (Tr 774)

L. *(hält die große Sonne hoch und alle halten ihre Blume der Sonne entgegen)*: Ohne Sonne wären die Blumen nicht so schön! Alle betrachten ihre Blumen genauer: Wenn deine Blume sprechen könnte, was würde sie sagen? … *(Auch die Namen der Blumen nennen, soweit bekannt. Danach werden alle Blumen auf die Sonne gelegt.)*

♫ **Liedruf:** Gottes Liebe ist wie die Sonne (U 33, Tr 5)

L.: Die Sonne für unser Herz ist Jesus. *(Jetzt wird die Jesuskerze entzündet und mitten in die Sonne zwischen die Blumen gesetzt.)*

Evangelium
Einmal erzählte Jesus seinen Freundinnen und Freunden, mit denen er durch die Wiesen spazierte: Schaut euch die Blumen am Wege an (falls eine Lilie zur Hand ist und gezeigt werden kann,

kann statt „Blumen“ auch „Lilien“ gesagt werden), ihre Farben und ihre Pracht und atmet ihren Duft ein! Sie arbeiten nicht, sie müssen nicht in die Schule und auch nicht aufräumen. Aber alle sind wunderschön. Nicht einmal der berühmte König Salomo in all seiner Pracht war so wunderbar gekleidet wie diese Blumen. Wenn Gott schon die Pflanzen so herrlich gekleidet hat, wie viel mehr sorgt er sich dann um die Menschen! Und Jesus sagte weiter: Ihr Kinder, ihr seid die schönsten Blumen. Ihr braucht auch nicht übergroße Angst zu haben; denn Gott hat euch gern. Gott will euch schützen. Er sagt Ja zu dir und dir und dir, wer und wie du auch bist: Gott freut sich über dich noch mehr als über die Blumen. Du kannst ihm trauen und ihm vertrauen, denn er liebt dich!

♫ **Lied:** Gottes Liebe ist so wunderbar (U 32)

Die Blumen auf der Sonne werden eingesammelt und als Strauß in eine Vase vor das Kreuz gestellt.

Abschluss
Die Kinder erhalten ein gerolltes Blumenbild, um es zu Hause auszumalen und sich zu erinnern.

(Verändert nach Norbert Thelen, Wir erleben die Bibel. Kindergottesdienste im Kreis, Matthias-Grünewald-Verlag, Mainz, 2. Aufl. 2001, S. 83–85)

85. Staunen über Gottes schöne Welt

(Ferien / Schöpfung / Staunen)

Vorbereiten: Ein Korb mit Herzmuscheln. (Eine Frau hat für uns Hunderte im Urlaub am Atlantischen Ozean aufgesammelt, sodass wir sie den Kindern schenken konnten; vielleicht reichen auch gesammelte Jakobs- [= Pilger-] muscheln für eine Runde Kinder.) Eine Muschel mit eingeklebter Perle.

♫ **Lied zu Beginn:** Pass auf, kleines Auge (Lieder C, Nr. 7)

L. *(geht mit dem Körbchen voll Muscheln herum und jedes Kind wählt sich eine aus)*: Ist die Muschel nicht schön? Ich schenke sie dir.

- Wir legen die Muschel einmal ans Ohr und horchen, ob wir etwas vom Meer hören oder etwas davon riechen.
- Wir benutzen sie nun als Trinkschale und trinken daraus;
- wir schneiden damit wie mit einem Messer;
- wir zählen auf der Rückseite die Rippen: eins, zwei …
- wir legen sie offen nach oben in unsere nebeneinander gelegten Hände und beten und bitten! Ich spreche euch kurze Sätze vor, die ihr alle wiederholt:
  Guten Morgen, guter Gott! / Gib uns heute unser Brot! /
  Lass uns lachen und nicht weinen! /
  Lasse deine Sonne scheinen / bis in unser Herz hinein. /
  Lass uns immer bei dir sein! / Amen.

♫ **Liedruf:** Amen, Spiritual-Refrain (Tr 964)
(laut, lauter, leise, summen)

L. *(zeigt seine Muschel mit beiden Hälften, in die eine Perle geklebt ist, verschließt sie wieder und erzählt, wie eine Perle heranwächst:)* Die obere Muschelhälfte könnte die Mama sein, die untere der Papa. Die passen genau auf, dass zwar das Wasser mit den winzigkleinen Tierchen durch die Lippen der Muschel fließt, aber nichts anderes darf in ihr „Muschelhaus" eindringen. Doch einem kleinen, spitzen Sandkorn kann es trotzdem gelingen, und das ist dann für die Muschel lebensgefährlich, weil es das weiche Fleisch der Muschel aufreißen und sie zerstören kann. Darum legt die Muschel schnell eine winzige weiße Perlmutterschicht um das Sandkorn, und wieder eine und wieder eine und so wächst ganz langsam eine Perle heran. So etwas Wunderbares lässt Gott wachsen! Darum singen wir:
♫ **Lied:** Keiner ist größer (Tr 408)

Abschluss
L. geht rund und jeder darf die Muschel berühren, die glatte Innenseite um die Perle und auch – vorsichtig – die Perle. *(Die Kinder legen so lange die geschenkte Muschel vorsichtig zur Seite.)*

86. Wasser schenkt Leben
(Sommer)

Vorbereiten: In der Mitte plätschert evtl. ein Wasserspiel. Eine Vase mit Blumen im Wasser; eine Vase ohne Wasser, aus der Blumen herabhängen. Schale mit Weihwasser.

♫ **Lied zu Beginn:** Die Sonne, der Regen (T. R. Krenzer; M.: L. Edelkötter, Impulse-Musikverlag, Drensteinfurt)

L.: Vor kurzem war es sehr heiß. Wisst ihr noch, wie das war? ... Wir spielen einmal so eine Blume, wie sie vorne ohne Wasser steht. *(Die Kinder knien sich mit nötigem Abstand zueinander.)* Du bist jetzt eine Blume. – Es hat lange nicht geregnet; du spürst Durst; hast eine ganz trockene Zunge. Deine Kräfte lassen nach. – Wasser! – Aber es ist kein Wasser da! Du beugst dich bis auf den Boden. Du kannst dich nicht mehr aufrichten – bist matt und kraftlos.
(Jetzt mit zwei Hölzern aufeinander klopfen, um das Geräusch des Regens anzudeuten, oder ein Regenrohr ist vorhanden.) Da, was ist das? – Regentropfen! Einer und noch einer treffen dich und dann ganz viele. Ein schönes Gefühl, sich nass regnen zu lassen. Fühlst du es? Du streckst die Wurzeln nach Wasser aus. – Aah, Wasser! Saug dich voll. – Jetzt hast du wieder Kraft, dich aufzurichten. Du kannst die Arme, die Blätter wieder heben. Schön, das Leben ist wieder da!
♫ **Lied:** Du hast uns deine Welt geschenkt (U 14)

Evangelium
Jesus hat einmal gesagt: Ich gebe euch ein ganz anderes Wasser als das, was vom Himmel fällt oder aus der Wasserleitung kommt. Ich schenke euch ein Wasser, das fließt *in* euch. Das richtet euch innerlich wieder auf wie eine Pflanze, die am Boden lag. Dieses Wasser, das ich euch gebe, schenkt ein Leben, das nie zu Ende geht. Es lässt euch sogar leben über den Tod hinaus (nach Joh 4,14).

Aktion
L. geht mit der Weihwasserschale herum („gesegnetes, Gott geweihtes Wasser“, das euch in der Taufe über euer Köpfchen gegossen wurde): Die Kinder nehmen vom Wasser und zeichnen sich damit das Kreuz auf die Stirn. Wenn Eltern anwesend sind, nehmen die

Kinder wieder vom Weihwasser, gehen zu den Eltern und zeichnen auch ihnen das Kreuz auf die Stirn.

♪ **Lied:** Er hält mein Leben in der Hand (Tr 973 oder 974)

(Nach Kindermesskreis St. Peter und Paul, D-57074 Siegen)

87. Gemeinsam fällt es leichter

(Schulanfang)

Vorbereiten: Tierhandpuppen von Löwe und Rabe. Zwei Holzperlenketten: eine davon zum Zerschneiden; Schere.

♪ **Lied zu Beginn:** Wo zwei oder drei, Kanon (U 100, Tr 95)
oder: Viele kleine Leute, Kanon (U 89)

Anspiel

(Rabe [= R.] und Löwe [= L.] treffen sich auf dem Weg zur Schule.)

R.: Hallo, wer bist du denn?
L.: Ich heiße Leo. Und du?
R.: Ich bin Krah. Gehst du heute auch zum ersten Mal in die Schule?
L.: Ja. Und ich bin ganz schön aufgeregt. Ich kann doch noch gar nichts. Meine Mama sagt zwar: „Jetzt bist du schon groß. Du gehst ja jetzt zur Schule." Aber ich weiß nicht.
R.: Den Satz kenne ich auch: „Jetzt bist du schon groß!" Und beim nächsten Mal heißt es dann wieder: „Das verstehst du noch nicht. Das kannst du noch nicht, dafür bist du noch zu klein!" Dabei kann ich schon ganz tolle Sachen! Schau mal, wie hoch ich fliegen kann! *(Rabe fliegt hoch)* Kannst du das auch?
L.: *(hüpft ein wenig)* Nein, das kann ich nicht. Aber ich kann ganz laut brüllen *(er brüllt)*. Kannst du das auch?
R.: *(krächzt ein wenig vor sich hin)* Nein, das kann ich nicht. Aber dafür kann ich mich nachts unsichtbar machen! Meine Federn sind so schwarz, dass mich nachts in der Dunkelheit keiner sehen kann!
L.: Dafür kann ich mich aber größer machen. Schau dir nur meine Mähne an! Wenn ich die tüchtig schüttele *(Löwe schüttelt den Kopf)*, dann wirke ich viel, viel größer.

R.: Eigentlich können wir schon ganz tolle Sachen. Sollen wir uns nicht zusammentun? Dann können wir uns gegenseitig helfen.

L.: Oh ja, wenn dir einer was tun will, dann brülle ich so laut, dass der davonläuft.

R.: Und wenn wir zusammen unterwegs sind, dann fliege ich immer mal hoch und schau, ob wir uns noch auf dem richtigen Weg befinden oder ob uns jemand entgegenkommt. Weißt du, Leo, mit dem, was du kannst, da bist du ganz wichtig für mich!

L.: Und mit dem, was du kannst, Krah, bist du ganz wichtig für mich!

♫ **Liedruf:** Wir bringen Frieden für alle (U 94, Tr 277, Mel.)

Aktion mit den beiden Holzperlenketten
Jede Perle ist schön und wichtig, hat ihren Platz. Was passiert, wenn ich den Faden durchschneide? *(L. tut es: Alle Perlen kullern durch die Gegend.)* Jetzt ist die schöne Kette (= Gemeinschaft) zerstört.
L. zeigt die zweite Kette und ermuntert, alles gemeinsam zu versuchen: die Stärken eines jeden einzusetzen wie bei Rabe und Löwe. (Eventuell erhält zu Beginn jedes Kind eine Holzperle, die es jetzt nach vorne bringt. Aufgereiht auf eine Nylonschnur erhält die Klasse die Kette als Erinnerung.)

Nach dem **Evangelium** (Mk 10,13–16: Segnung der Kinder) bekommen die Schulneulinge einzeln die Hände aufgelegt!

(Nach Ulrich Kaiser/Christiane Zimmermann-Fröb, Velbert, in „Materialdienst" Nr. 55, 2/96)

88. Wir vertragen uns, auch wenn wir verschieden sind
(Erntedank / Gemeinschaft)

Vorbereiten: Obstkorb mit folgenden Früchten: Kiwi, Apfelsine, Banane, Apfel und Trauben. Der Korb steht auf einem Tuch.

♫ **Lied zu Beginn:** Wenn du Freude hast im Herzen (Lieder C, Nr. 8)
oder: Ich trage einen Namen (U 47)

L.: Schaut mal herum. Kein Kind sieht genauso aus wie ein anderes! Manche sind klein, manche größer; manche haben hellere, manche dunklere Haare; die einen sind Mädchen, die anderen Jungen; und doch gehören wir zusammen. Wir alle sind Freunde Jesu und singen:
♫ **Liedruf:** Wir bringen Frieden für alle (U 94, Tr 277, Mel.)

Schaut mal in diesen Obstkorb. Alles sind Früchte, aber sie sind auch alle verschieden. Kennt ihr sie mit Namen?

Geschichte
Ich kann mir vorstellen, dass die Früchte sich auch unterhalten können! Die Banane kommt von ganz weit her, auch die Apfelsine. Sie können stundenlang von ihrer Reise erzählen. Der Apfel und die Traube auch. Nur die Kiwi liegt stumm da und sagt kein Wort. Da schubst die leuchtende Apfelsine sie an und fragt: „Was ist mit dir, du haariges Etwas? Bist du überhaupt eine Frucht oder nur ein Ungeziefer, das hier im Korb nichts zu suchen hat!?" Noch bevor die Kiwi antworten kann, ruft die Traube: „Sowas Komisches schmeckt sicher nicht!" Die Banane rückt schon ein wenig fort und auch der Apfel. Da sagt die Kiwi endlich: „Natürlich bin ich auch eine Frucht. Mein Name ist Kiwi. Ich bin mit dem Flugzeug aus Australien angereist. Wisst ihr, wo die Kängurus auf ihren Hinterbeinen durch das Land springen und ihre Babys in einem Fellbeutel am Bauch der Mutter wohnen!"
„Erzähl noch mehr von den Tieren, die auf Hinterbeinen springen", bittet der Apfel. Und die Kiwi muss immer weiter und weiter erzählen.
Jetzt wissen die anderen, dass die Kiwi ein toller Kerl ist und die raue Schale stört sie nicht mehr.
Als am nächsten Morgen die Kindergartenkinder alles Obst schälen und daraus einen herrlichen Obstsalat schneiden, staunt die Banane und denkt: „Die Kiwi hat ja ein wunderschönes grünes Fruchtfleisch. Sicher schmecken wir alle zusammen sehr gut!"

(Nach „die Kiwi", Bausteine Kindergarten 1/98,
Bergmoser + Höller Verlag, Aachen)

Gespräch
Habt ihr das auch schon erlebt? Zuerst sagst du: Das Kind mag ich nicht! Aber hinterher stellt sich heraus, es ist doch ganz nett! *(Kinder erzählen lassen)* Das Äußere täuscht also manchmal.

♫ **Lied:** Pass auf, kleines Auge (Lieder C, Nr. 7)

Evangelium
Jesus hat einmal gesagt: Liebt einander, so wie ich euch geliebt habe! (Joh 15,12)
Wir geben uns die Hände, schauen uns alle freundlich an und singen noch einmal:
♫ **Liedruf:** Wir bringen Frieden für alle (U 94)

Eventuell ein gemeinsames Obstsalat-Essen anschließen.

(Nach einer Idee von Christine Willers-Vellguth, D-52076 Aachen)

89. Neues Leben aus welken Blättern
(Herbst / November / Tod)

Vorbereiten: Die Bibel; für jeden ein buntes, herbstlich gefärbtes Eichenblatt; ein braunes Tuch mit Blättern; darauf liegt in der Mitte, unter den Blättern versteckt, für jeden eine Eichel.

♫ **Lied zu Beginn:** Freut euch alle (Lieder C, Nr. 3)

(Jedes Kind erhält ein Eichenblatt) L.: Schaut es euch genau an; dreht es um; bestaunt die Adern; riecht einmal daran.

Aktion
Wir spielen jetzt den Baum, von dem die Blätter herunterfallen: Kinder mit dem Blatt in der Hand wiegen sich im Wind, den eventuell die Erwachsenen oder ein Teil der Kinder pustend spielen. Der Wind wird stärker, zuerst an den Ästen, und jetzt – jetzt fällt auch dein Blatt auf den Boden! Kinder lassen ihr Blatt fallen; anschließend nehmen sie es behutsam vom Boden und legen es zu den anderen Blättern auf dem Tuch.
L.: Was geschieht jetzt mit den Blättern? Sie welken, werden braun, zerfallen und verwandeln sich langsam zu Erde. Samen können darin wachsen und neue Kräfte aus den zerfallenen Blättern herausholen. Es können neue Bäumchen Wurzeln schlagen und wachsen. Ich zeige euch den Samen *(L. greift unter die Blätter und zeigt ein paar Eicheln)*.

Gott, wir danken dir, dass neues Leben wachsen kann.

♫ **Liedruf:** Danke, nach dem Spiritual „Amen" (Tr 964)
oder: Ein Blatt welkt und fällt (RPA-Verlag, D-84030 Landshut)

Evangelium
Jesus hat einmal etwas Ähnliches gesagt: Wenn das Weizenkorn nicht in die Erde fällt und sich verwandelt, bleibt es allein. Wenn es sich aber verwandelt, bringt es reiche Frucht (Joh 12,24).
Wir brauchen also keine Angst zu haben, wenn Menschen sterben und in die Erde gelegt werden – wie Jesus. Sie werden zu neuem Leben auferstehen.

Austeilen der Eicheln
Zur Erinnerung schenken wir jedem eine Eichel. Pflanzt sie zu Hause in einen Blumentopf oder in den Garten. Mit etwas Glück werdet ihr bald erleben, wie neues Leben wächst.
(Verändert nach einer Idee von Claudia Lindenmaier, D-86684 Sessenburgheim)

90. Im Gleichnis eines Blumengartens
(Jubiläum Kindergarten / Grundschule)

Vorbereiten: Grüne Bettlaken als Wiese; große gebastelte Blumen für das Spiel; eine große Sonne, Gießkanne; ausziehbares Metermaß und rotes Band. Eventuell Blütenbroschen für jedes Kind.

Ansage: Begrüßung; Hinweis auf das Fest. Wir danken Gott, dass der Kindergarten schon so lange Jahre für viele Kinder Licht und Freude brachte:
♫ **Lied:** Gottes Liebe ist so wunderbar (U 32)
oder: Lobet und preiset, Kanon (Tr 140, GL 282)

Evangelium
(L. holt eine große Sonne und gibt sie einem Kind zum Hochhalten. Das Evangelium nach Möglichkeit mit Orff'schen Instrumenten begleiten, z.B. bei den Wörtern „Sonne", „Licht", „Strahlen" ein kräftiger Schlag an die Triangel.)

Einmal sagte Jesus und er sagt es jetzt zu uns: „Ich bin wie die Sonne. Wenn ihr in meinem Licht geht, braucht ihr keine Angst zu haben vor dem Dunklen und Bösen in dieser Welt."
Ein anderes Mal sagte Jesus: „Ihr seid das Licht der Welt! Gebt die Strahlen weiter, die ihr von meinem Licht empfangen habt. Dann wird die Welt schön!" (Joh 8,12 und Mt 5,14–16).

♫ **Liedruf:** Du bist das Licht der Welt, Refrain (Tr 1078)

Hinführung zur Blumengeschichte

L.: Im Evangelium vergleicht Jesus sich und auch uns mit der Sonne. Jeder von uns braucht die Sonne. Ihr habt heute Blumen mitgebracht und sie hier in den „Garten" gelegt. Auch sie brauchen Sonne!
Wir sehen und hören jetzt eine Geschichte, die uns von verschiedenen Blumen erzählt und uns sagt, worauf es im Blumengarten ankommt.

Blumengeschichte

(Mit Musik unterlegen; die ErzieherInnen oder Eltern sprechen die Rollen. – Je zwei Kinder mit den besonders genannten Blumen an langen Stielen kommen nach vorne und setzen sich in den Blumengarten.)

ErzählerIn (= E.): In einem schönen Garten stehen Rosen, Sonnenblumen, Stiefmütterchen, Gladiolen, Gänseblümchen und Vergissmeinnicht.
(Bei den genannten Blumen heben die entsprechenden Kinder ihre Blüten.)
Sie werden liebevoll gehegt und gepflegt *(ein Kind geht mit einer Gießkanne zwischen den Blumen umher)*.
Eines Tages kommt jemand in diesen schönen Garten, sieht die wunderschönen Blumen und bewundert sie. Dann nimmt er ein Metermaß aus seiner Tasche und fängt an, alle Blumen zu messen – ihre Größe und die Weite ihrer Blüten *(Kind mit ausziehbarem Metermaß misst lang und quer)*.
Dann geht der Mann wieder weg. Selbstbewusst stehen die großen, weiten Sonnenblumen auf ihren hohen Stängeln und geben an:
(„Sonnenblumen" stehen auf)
„So groß und stark wie wir sind keine anderen Blumen!"

Das hören die Rosen. Sie regen sich tüchtig darüber auf:
(„Rosen" stehen auf)
„Aber keine anderen Blumen duften so herrlich und sind so schön wie wir!" –

Da aber antworten die Gladiolen *(„Gladiolen" stehen auf)*:
„Pfh ..., wie könnt ihr nur so reden! Was heißt hier Größe und Duft? Keine von euch hat doch so viele schöne Blüten wie wir!"

Die Stiefmütterchen, die Gänseblümchen und die Vergissmeinnicht werden kleiner und kleiner, als sie das alles hören.
(Die genannten Kinder verneigen sich mit ihren Blumen bis auf den Boden.)
Da trösten die Gänseblümchen die Vergissmeinnicht und sagen:
„Zum Glück werden wir von vielen Menschen sehr geliebt."
(„Gänseblümchen" bleiben sitzen, aber heben ihre Blüten)

Darauf erwidern die Vergissmeinnicht: „Ja, nicht umsonst nennt man uns – Vergissmeinnicht!" *(Vergissmeinnicht heben auch ihre Blüten)*

Erbost antworten da die Stiefmütterchen:
(„Stiefmütterchen" stehen auf und heben ihre Blüten)
„Wie könnt ihr nur so denken! Wie könnt ihr euch messen nach Stärke und Größe, nach Duft und Farbenpracht! Habt ihr vergessen: Ob groß oder klein, ob stark oder schwach, jedem von uns gab der Schöpfer sein eigenes Kleid! In seinen Augen sind wir alle gleich schön. Jedem von uns schenkt er in gleichem Maße seine Sonne! Das ist das Geheimnis seiner Liebe!"
(Die Sonne wird um alle Blumen herumgetragen; dazu Schläge auf der Triangel.)

L.: Ja, alle Blumen sind gleich schön; alle werden von Gott geliebt. Da darf jede Blume anders sein: Das macht ja unseren Blumengarten, unseren Kindergarten, so bunt. Als Zeichen dafür, dass ihr uns alle wie in einem bunten Blumenstrauß gleich lieb seid, lege ich dieses rote Band der Liebe Gottes um euch.
(L. schlingt ein rotes Band um alle Kinder, die sich mit ihren Blumen zum Blumenstrauß zusammenstellen; die Rolle von L. können auch einige Kinder übernehmen.)
So macht ihr uns Freude und gebt Gottes Sonnenstrahlen weiter. So sind wir eine schöne Gemeinschaft unter dem Schutz Gottes im Kindergarten N.N. (in der Schule N.N.).

♫ **Liedruf als Antwort:** Gottes Liebe ist wie die Sonne (U 33, Tr 5) (Nach dem Refrain strecken alle bei der 1. Strophe ihre Hände wieder zur Sonne hin, die noch einmal hochgehoben wird.)
oder: Komm, Herr, segne uns (U 60)

(Kindergarten St. Anna, D-50126 Bergheim-Zieverich)

Anhang

Lieder

A. Neues geistliches Liedgut

U = „Liederbuch zum Umhängen“
Tr = Liederbuch „Troubadour für Gott“
(Weitere Angaben dazu: siehe Seite 13.)

Alle Knospen springen auf	Tr 94
Alle singen wir	Tr 424
Alle-, Alleluja, wir werden auferstehn (Refrain)	Tr 1085
Amen (Spiritual)	Tr 964
Breite deine Hände aus (Refrain)	Tr 409
Danke für diesen guten Morgen (Mittag/Abend)	Tr 315
Danke (Melodie: Spiritual „Amen“)	Tr 964
Danken, danken wollen wir dem Herrn (Refrain)	Tr 427
Das wünsch ich sehr	U 10
Die Erde ist schön	Tr 774
Die Sonne, der Regen	Quelle, s. S. 137
Du bist das Licht der Welt (Refrain)	Tr 1078
Du hast uns deine Welt geschenkt	U 14
Du, Herr, gabst uns dein festes Wort	U 16
Eine freudige Nachricht breitet sich aus	Lieder C, Nr. 1
Einer hat uns angesteckt (Refrain)	Tr 8
Einfach Spitze, dass du da bist	Tr 1048
Engel auf den Feldern singen	Quelle, s. S. 30
Er hält mein Leben in der Hand	Tr 973 oder 974
Er rettet dich (Refrain)	Tr 442
Es läuten alle Glocken	Tr 407
Es werde Licht	Lieder C, Nr. 2
Freut euch alle	Lieder C, Nr. 3
Fünf Brote und zwei Fische	U 24

Gib uns Frieden jeden Tag	U 28 und Tr 284
Gott baut ein Haus, das lebt	U 30
Gottes Liebe ist so wunderbar	U 32
Gottes Liebe ist wie die Sonne	U 33 und Tr 5
Gott hält ... in der Hand	Tr 974
Gott hat alles gut geschaffen	Tr 427
Gott hat die Welt so schön gemacht	Lieder C, Nr. 4
Gott liebt die Kinder (Refrain)	Tr 407
Guter Gott, danke schön	Tr 413
Hab keine Angst: Ich bin bei dir	Quelle, s. S. 88
Hallelu – Preiset den Herrn	Tr 177
Halte zu mir, guter Gott	U 39
Hevenu shalom alechem	Tr 277
Heute leuchten alle Sterne	Quelle, s. S. 39
Heut ist ein Tag, an dem ich singen (...) kann	Quelle, s. S. 99
Hosanna-Ruf	Lieder C, Nr. 5
Ich schenk dir einen Sonnenstrahl	Quelle, s. S. 139
Ich trage einen Namen	U 47
Ihr Freunde, lasst euch sagen	Quelle, s. S. 56
Im Advent, im Advent	Quelle, s. S. 26
Immer auf Gott zu vertrauen (Refrain)	Tr 437
Ja, wenn der Herr einst wieder kommt	Tr 429
Jesus zieht in Jerusalem ein	U 54
Keiner ist größer	Tr 408
Kindermutmachlied	U 55 und Tr 929
Kinder (statt „Christen"), ruft in Freude	Tr 438
Komm, Herr, segne uns	U 60
Kommt, sagt es allen Leuten	Tr 439
Lasst uns miteinander (Kanon)	U 65 und Tr 152
Laudato si	Tr 141
Liebte Gott, der Herr, uns nicht	Tr 4
Lobet und preiset, ihr Völker (Kanon)	Tr 140 und GL 282
Mache dich auf und werde licht (Kanon)	Tr 507
Mutter Gottes, wir rufen zu dir	Lieder C, Nr. 6
Niemand ist größer: Siehe: Keiner ist größer	Tr 408
Nimm uns immer ganz fest in deine Hand (Refrain)	Tr 198

B. Lieder aus dem Gotteslob und aus dem Evangelischen Gesangbuch

(Bitte jeweils nur den hier ausgedruckten Vers singen!)

Im Advent

Freut euch, ihr Christen, freuet euch sehr! Schon ist nahe der Herr!: GL 115, eg 17 – auch das ganze Lied.

Jesus, Menschensohn: Herr, erbarme dich!: GL 103, letzte Zeile.

Macht hoch die Tür, die Tor macht weit; es kommt der Herr der Herrlichkeit!: GL 107, eg 1. Oder auch der Text: O komm, mein Heiland, Jesus Christ, meins Herzens Tür dir offen ist.

O Heiland, reiß die Himmel auf!: GL 105, eg 7. Oder auch der Text: O klare Sonn, du schöner Stern!

Zur Weihnachtszeit

Es ist ein Ros entsprungen aus einer Wurzel zart!: GL 132, eg 30.

Ihr Kinderlein, kommet: eg 43.

König aller Zeit: Herr, erbarme dich!: GL 129, letzte Zeile.

Kommt, lasset uns anbeten (3 x) den König, den Herrn!: GL 143.

Zu Bethlehem geboren ... (ganzes Lied): GL 140, eg 32.

Zur Fasten- und Osterzeit

Bitt Gott für uns, Halleluja!: GL 593, letzte Zeile.

Christus, das Licht. – Dank sei Gott!: GL 207.

Das ist der Tag ...: GL 220 kann in zwei Verse zerlegt werden.

Halleluja (3 x): GL 213,3 eg 99, 3. Teil; auch GL 218, dritte Notenzeile, eg 103 (Hallellujavers); ähnlich GL 221, erste Zeile.

Lasst uns erfreuen herzlich sehr, Halleluja (3 x)!: GL 585, erste und vierte Notenzeile. Diese Melodie passt auch auf den Text: Der Herr ist auferstanden heut, Halleluja ...

Mein Herr und Gott, erbarme dich!: GL 167.

Siehe die Liedverse unter GL 232 und 233 (auswählen).

Zu Pfingsten

Großer Gott, wir loben dich, Herr, wir preisen deine Stärke!: GL 257, eg 331.

Komm, Heilger Geist, der Leben schafft, erfülle uns mit deiner Kraft!: GL 241.

Komm, Schöpfer Geist ...: GL 245 (ganze Strophe).

Lobe den Herren, den mächtigen König der Ehren!: GL 258, eg 316.

Zu jeder Jahreszeit
Du hast uns, Herr, gerufen: GL 505, eg 168.
Lobet und preiset, ihr Völker, den Herrn: GL 282.
Maria, breit den Mantel aus: GL 595.
Nun danket all und bringet Ehr: GL 267.
Wenn wir jetzt weitergehen: GL 514.

C. Lieder mit Noten

1. Eine freudige Nachricht breitet sich aus

Text und Musik: Martin Gotthard Schneider
Aus: Sieben Leben möcht ich haben, Verlag Ernst Kaufmann, Lahr/Christophorus Verlag, Freiburg

2. Es werde Licht

Text: Wilhelm Willms, Musik: Peter Janssens
Aus: Ein Halleluja für dich, 1973.

3. Freut euch alle, singt …

2. Freut euch alle, singt und spielt:
… Jesus ist unser Bruder.
Bruder von dir,
Bruder von mir,
Bruder von uns allen.
Freut euch alle …

3. Freut euch alle, singt und spielt:
… Jesus liebt alle Kinder.
Er ist dein Freund,
er ist mein Freund.
Wir sind seine Freunde.

Originaltitel: Zum Anfang
Text: Klaus Künne, Musik: Josef Monter

4. Gott hat die Welt so schön gemacht

2. Für den Sommer, für den Winter, für das Frühjahr und den Herbst?
3. Für die Liebe deiner Eltern, für den Frieden hier im Land?
4. Dafür, dass wir ihm gehören, dass er unser Vater ist?

Text und Melodie: Richard Strauss-König,

5. Hosanna-Ruf

6. Mutter Gottes, wir rufen zu dir!

Genaue Quelle unbekannt; Melodie: Grüßauer Marienrufe

7. Pass auf, kleines Auge

2. Pass auf, kleines Ohr, was du hörst –
3. Pass auf, kleiner Mund, was du sprichst –
4. Pass auf, kleine Stirn, was du denkst –
5. Pass auf, kleine Hand, was du tust –
6. Pass auf, kleiner Fuß, wohin du gehst –
7. Pass auf, kleines Herz, wer in dir wohnt –

Tradiert, genaue Quelle unbekannt

8. Wenn du Freude hast im Herzen

• • = 2 x klatschen
oder mit den Fingern schnalzen
oder mit den Händen auf die Knie schlagen
oder mit den Füßen stampfen
oder den Nachbarn umfangen.

Für das Wort „Freude" kann jedes zweisilbige Wort eingesetzt werden wie Friede, Liebe …

Quelle unbekannt

9. Zu Ostern in Jerusalem

2. Zu Pfingsten in Jerusalem, da ist etwas geschehn.
   Die Jünger reden ohne Angst und jeder kann's verstehn.

3. Zu jeder Zeit in jedem Land kann plötzlich was geschehn.
   Die Menschen hören, was Gott will, und können sich verstehn.
   Hört, hört … und können sich verstehn.

Text: Armin Juhre; Musik: Karl-Wolfgang Wiesenthal 1968

Sachregister

Die Verweise beziehen sich auf die Nummer des Gottesdienstes